Ellwanger • Boxen basics

Siegfried und
Ulf Ellwanger

TRAINING
TECHNIK
TAKTIK

BOXEN
basics

pietsch

Einbandgestaltung: Nicole Lechner

Titelbild: Willi Martin, Berlin (Olympische Spiele 1992, Finale im Superschwergewicht: Roberto Balado, Kuba, – Richard Igbineghu / NGR. Der Kampf endete 13:2)

Bildnachweis:
Die Zeichnungen wurden von Jochen Flemming, Kleinmachnow, nach Kampfbeschreibungen angefertigt.
Die Wettkampffotos stammen von Willi Martin, Berlin.
Die Studioaufnahmen fertigte Karla Fritz eigens für dieses Buch.
Die Hallenfotos stammen aus dem Archiv von Siegfried Ellwanger.

Eine Haftung des Autors oder des Verlages und seiner Beauftragten für Personen-, Sach- und Vermögensschäden ist ausgeschlossen.

ISBN 3-613-50295-X

Copyright © by Pietsch Verlag, Postfach 103743, 70032 Stuttgart
Ein Unternehmen der Paul Pietsch Verlage GmbH + Co

1. Auflage 1998

Nachdruck, auch einzelner Teile, ist verboten. Das Urheberrecht und sämtliche weiteren Rechte sind dem Verlag vorbehalten. Übersetzung, Speicherung, Vervielfältigung und Verbreitung einschließlich Übernahme auf elektronische Datenträger wie CD-ROM, Bildplatte usw. sowie Einspeicherung in elektronische Medien wie Bildschirmtext, Internet usw. ist ohne vorherige schriftliche Genehmigung des Verlages unzulässig und strafbar.

Lektor: Oliver Schwarz
Herstellung: IPa, Vaihingen/Enz
Druck: Fotolito Longo, Bozen
Printed in Italy

Inhalt

Zur Einstimmung 8

An die Anhänger des Boxsports 8
Geschichten über das Boxen 9
Wie früher geboxt wurde 11
Der Boxhandschuh 19
Faszination Berufsboxen und Amateursport 20
Boxsport und Selbstverteidigung 28
Ist Boxen noch zeitgemäß? 29
Der Amateurboxsport aus Sicht der Sportmediziner 31

Übungen 33

Boxen spielend erlernen 33
    Übung des Boxstoßes (Üben der Führungshand) 33
    Hüpfender Kreis 39
    Boxen in der Bauchlage 39
    Boxen aus der Rückenlage 39
    Boxen als Partnerübung 40
    Boxen gegen eine stabile Turnmatte 41
    Umspringen 42
    Sprungseilübungen 42
    Boxen gegen einen geworfenen Medizinball 42
    Ball ausweichen 43
    Ball prellen 43
    Kraftschulung mit dem Medizinball 44
    Übungen mit dem Stab 44

Technik 45

Beinstellung 45
    Körperhaltung 49
    Erhöhung der Reichweite 50
    Führungshand 51
    Gewichtsverlagerung 53

Paraden 54
    Parade nach innen 54
    Parade nach außen 57
    Parade mit Schritt 60
    Parade nach oben 60

Blöcke 62
   Unterarmblock 62
   Block an der Handschuhseite 63
   Block am Ellbogen 65
   Block an der Schulter 65

Meiden der Führungshand 66
   Rückschritt/Rücksprung 66
   Abducken nach rechts vorn 67
   Abducken nach unten 67
   Stoß zur Abwehr 74
   Doppeldeckung 75

Die Gerade 78
   Stoß der Schlaghand – die rechte Gerade 78
   Rechte Gerade in der Bewegung 81
   Diagonalschritt 81
   Paßgang 81
   Wechselschritt 81
   Verteidigungen mit der Schlaghand 81
   Parade nach innen mit der Führungshand 82

Der Haken 83
   Seithaken zum Kopf 83
   Rechter Seithaken zum Kopf 84
   Abwehr des Seithakens zum Kopf 84
   Parade nach außen 85
   Linker Seithaken 87
   Aufwärtshaken 88
   Rechter Aufwärtshaken 89
   Linker Aufwärtshaken 89
   Abwehr von Körperhaken 90

Schlaghärte 91
   Stoß der Führungshand 92
   Kraftstoß mit der rechten Schlaghand 92
   Stöße zum Körper 93
   Meiden 96
   Sidestep 98
   Finten 98

Sportliches Training 99
   Grundschema für das Boxtraining 100

Taktik ... 101

Doppelstöße, Doppelschritte und Kombinationen ... 102

Verhalten im Boxring ... 104
    Verhalten bei Kommandos des Ringrichters ... 105
    Verhalten beim Kampf gegen Rechtsausleger (Linkshänder) ... 107
    Verhalten beim Kampf gegen »Riesen« oder »Zwerge« ... 107
    Kampf in der Halbdistanz ... 108
    Nahkampf ... 110
    Wie boxt man gegen Nahkämpfer? ... 111
    Wie erreicht man im Boxen das richtige Handeln? ... 113

Trainingsplanung ... 114

    Schritt 1: Stoßen aus dem Stand ... 115
    Schritt 2: Stoß und Schritt in Partnerarbeit ... 115
    Schritt 3: Stoß auf die Stirn des Partners ... 115
    Schritt 4: Parade mit der Führungshand ... 116
    Schritt 5: Stoß und Schritt nach vorne ... 116
    Schritt 6: Doppelstoß ... 116
    Schritt 7: Blocken mit der Führungshand ... 116
    Schritt 8: Abwehr abwechselnd durch Block und Parade ... 117
    Schritt 9: Parade mit der Führungshand nach außen ... 118
    Schritt 10: Varianten des Blockens der Führungshand ... 118
    Schritt 11: Möglichkeiten, Treffer zu vermeiden ... 119
    Schritt 12: Der Mitschlag der Führungshand ... 119
    Schritt 13: Der Nachschlag (Antwortstoß) ... 120
    Schritt 14: Stoß der Führungshand zum Körper ... 120
    Schritt 15: Abwehrübungen für den Körperstoß ... 121

Konditionstraining ... 122

Training an Boxgeräten ... 125

Die verbreitetsten Trainingsgeräte ... 125
    Der Sandsack ... 125
    Die Plattformbirne ... 127
    Die Maisbirne ... 129
    Der Doppelendball ... 130
    Wandpolster, Pratzen u. a. ... 130

Anhang ... 134

Zur Einstimmung

»**Boxen** ist ein Sport für **jeden**.
Für den einen dient es der Konditionierung, für den anderen ist der Wettkampf das Schönste.
Für alle aber ist es ein Weg, um Körper und Geist zu schulen und durch die Zusammenarbeit mit einem Partner die Höhen und Tiefen der Sportart zu erfahren.«

K.H. Wehr
Generalsekretär der AIBA (Association Internationale de Boxe Amateure = Internationaler Amateurboxverband)

An die Anhänger des Boxsports

Boxen ist eine faszinierende Sportart. Lange vor dem Kampf beginnt das Kribbeln im Bauch. Kurz vor dem Kampf ist Aufwärmen angesagt: Der Körper wird mit Schlagserien auf Hochtouren gebracht. Mit dem Trainer wird ein letztes Mal die Taktik besprochen. Dann geht es hinaus in den Ring.
Schon 1000 Jahre vor der Zeitrechnung gab es Faustkämpfe. Die Fürsten schlugen sich mit den stärksten Kämpfern ihrer Stämme, um Mut und Tapferkeit zu beweisen und als Anführer Respekt und Achtung zu gewinnen. Vieles hat sich im Verlauf der vergangenen Jahrhunderte an dieser ursprünglichen Art des Boxkampfes verändert: Heute wird geboxt als effektives Mittel der Selbstverteidigung, als olympische Sportart und als Berufssport. Auch beim Karate oder Tae-Kwon-Do wird mit den Fäusten geschlagen. Boxtechniken werden in die Ausbildung vieler Selbstverteidigungs- und Kampfsportarten einbezogen.
Aber Boxen ist nicht nur für Boxer interessant. Über große Boxveranstaltungen wird in den Medien häufig berichtet, denn es gibt immer wieder skandalöse Fehlurteile. Viel ist auch über gesundheitliche Schäden, die das Boxen hervorrufen soll, geschrieben worden. Aber Boxen ist nicht gleich Boxen! Es gibt die olympische Sportart Boxen, bei der es um den sportlichen Vergleich geht. Und es gibt das Berufsboxen, wo die Show im Vordergrund steht und der sportliche Vergleich erst an zweiter Stelle kommt.
Wir wenden uns der olympischen Sportart Boxen zu, weil hier der sportliche Gegner mit technischen Mitteln besiegt werden soll. Die Boxausbildung ist einerseits eine technische Schulung, auf der an-

deren Seite ist sie aber auch eine Ausbildung, die geistig und körperlich auf die sportliche Auseinandersetzung vorbereitet.

Ein Boxkampf ist ohne ausreichendes körperliches Training nicht möglich. Gleichzeitig muß der Boxer in der Lage sein, sich dem Kampf zu stellen, keine Angst zu haben und selbstbewußt aufzutreten. Diese körperlichen und geistigen Voraussetzungen können nur durch regelmäßiges – wöchentlich mehrmaliges – Training geschaffen werden. Im Training wird nicht nur geboxt: Kraftübungen, Ausdauerübungen und Schnelligkeitsübungen formen den Körper in vielen Stunden und lassen die Reaktionen blitzartig werden.

Auf intensives Training reagiert der Körper: Überflüssiges Gewicht geht verloren. Eine regelmäßige Kontrolle ist deshalb wichtig. Nur mit ausgewogener Ernährung und gesunder Lebensweise kann der Körper über die volle Leistungsfähigkeit verfügen. Regelmäßige sportärztliche Untersuchungen sind Voraussetzung, um ohne Schäden trainieren und den sportlichen Wettkampf bestreiten zu können.

Es ist heute selbstverständlich, daß nicht nur die Trainingskleidung zum Sport gehört, sondern auch Kopf-, Mund- und Tiefschutz zählen dazu: Diese Schutzmaßnamen haben dazu geführt, daß K.-o.-Schläge in den letzten Jahren immer seltener geworden sind.

Da in einem Zweikampf jeder gewinnen will, setzt auch jeder seine ganze Kraft dafür ein. Das ist aber nur möglich, wenn man gesund ist. Wer richtig boxen lernen will, muß viele Stunden trainieren, seinen Körper richtig ausbilden und Vorfreude auch auf Boxkämpfe vor Zuschauern empfinden. Im Ring darf ein Boxer zeigen, was er gelernt hat – und ob es ihm gelingt, ohne Angst und Verkrampfung in den sportlichen Wettkampf zu gehen. Gleichzeitig lernt jeder aktive Boxer, daß er die Kunst der Selbstverteidigung nur im Boxring anwenden darf.

Wer sich für den Boxsport interessiert, wird bald feststellen, daß das Boxen in vielen Büchern beschrieben ist. Viele Filme wurden über das Boxen gedreht – dabei ging es jedoch vorwiegend um den Berufssport. In künstlerischen Werken spiegeln sich Veränderungen der Auffassungen über das Boxen wider: Boxen ist heute eine Sportart, die versucht, die Sportausführung immer ungefährlicher und somit für jeden zugänglich zu machen.

Geschichten über das Boxen

Jeder, der sich mit dem Boxen auseinandersetzt, sollte nicht nur in Sportfachbüchern über das Boxen blättern: Boxen ist mehr als nur technisches und taktisches Wissen und Können. Doch allein darüber gibt es schon eine Vielzahl guter Fachbücher, beispielsweise von

Fiedler. Boxen ist aber auch eine Lebensart. Viele Schriftsteller haben versucht, einen Einblick in das Leben von Boxern und ihr Umfeld zu geben. Im Handel ist derzeit eine breite Auswahl an Büchern erhältlich, die auf die unterschiedlichen Seiten dieser Sport- und Lebensart hinweisen.

Wer Bücher über den Boxsport lesen will, sollte auf keinen Fall die wunderschönen und spannenden Boxgeschichten übergehen, die in vielen Auflagen immer wieder neu aufgelegt werden. Hier eine Auswahl:

London, Jack: *Der Ruhm des Kämpfers*. Ullstein 1987.
Martin, Hansjörg: *K.O. und O.K.* Rowohlt, Taschenbuch 1975.
Müller, Dieter: *Letzter Kampf in Olympia*. Arena 1991.
Muhammad Ali/R. Durham: *Der Größte*. Knaur 1976.
Nowojski, Walter: *Der Kinnhaken*. Edition 1993, Sport Stories, Fischerverlag 1993.
Oates, Joyce Carol: *Über Boxen*. Manesse 1988.
Reemtsma, Jan Philipp: *Mehr als ein Champion*. Klett-Cotta-Verlag 1995.
Thürmer/Götting: *Henry Maske*. Heine-Verlag München 1995.
Weiler, Ingomar: *Boxen. Quellendokumentation zu Gymnastik und Agonistik im Altertum*. Böhlau-Verlag Wien, Köln, Weimar 1995.
Wondratschek, Wolf: *Einer von der Straße*. Goldmann 1991.
Wondratschek, Wolf: *Menschen, Orte, Fäuste*. Diogenes Verlag Zürich 1991.

Denjenigen, die sich mit dem Thema Boxsport und Gesundheit beschäftigen, kann das Buch *Die bösen Boxer* von Hans Grebe (Deutscher Amateurboxverband 1984) wesentliche Denkanstöße geben.

Doch auch das Informationsblatt *Boxsport* des Amateurboxverbandes gibt einen Einblick in Breite und Leistungsfähigkeit des Boxsports in aller Welt.

Daß Faustkampf und Boxen zu allen Zeiten auch Künstler beschäftigte, belegen Bilder auf Vasen aus dem antiken Griechenland, römische Mosaikbilder aus den ersten Jahren nach Christus wie auch Bilder aus dem Leben der Menschen in China und Indien. Als James Chapin sein Bild »Negro Boxer« und George Bello das Bild »A Knockout« vorstellten, herrschten rund um den Ring noch rauhe Sitten. Doch in den Skulpturen von Paul Lando und Rudolph Belling (Max Schmeling) werden auch die Schönheit des Körpers und die Anforderungen eines Kampfes sichtbar.

Wie früher geboxt wurde

Wie alt das Boxen wirklich ist, läßt sich nicht auf 100, ja noch nicht einmal auf 1000 Jahre genau bestimmen: Wir wissen zu wenig über das Leben in längst vergangener Zeit. Einfache Zeichnungen in *Afrika*, die wahrscheinlich über *7000 Jahre* alt sind, zeigen Menschen mit handschuhähnlichen Schützern an den Händen. Und aus der *ägyptischen* Geschichte ist bekannt, daß dort bereits Faustkämpfe stattgefunden haben; sie wurden allerdings in unterschiedlicher Art und mit unterschiedlichen Zielen ausgeübt. So gibt es Darstellungen, in denen sich zwei Kämpfer nackt gegenüberstehen, in einer anderen Darstellung sind die Kämpfenden mit Gürteln bekleidet und haben kurzgeschnittene Haare. Es gibt Darstellungen, in denen ein Kämpfer die rechte Hand und der andere Kämpfer die linke Hand vorn hat – ein Zeichen für unterschiedliche Auslagen von Rechts- und Linkshändern. Ihre Boxhaltung unterschied sich stark von der der heutigen Zeit: Eine Hand wurde in Kopfhöhe gehalten

■ **Faustkampf vor etwa 2000 Jahren**

und diente vor allem dem Schutz des Kopfes, denn nur dorthin durfte geschlagen werden – die andere Hand wurde in Brusthöhe gehalten und wurde als Schlaghand mit viel Kraft eingesetzt.

Für den Schutz von Händen und Unterarmen gab es Lederriemen, die fest um die Hand und einen Teil des Unterarms gewickelt wurden. So war es möglich, einen Schlag, der den Kopf treffen sollte, mit dem Unterarm aufzufangen oder abzulenken, ohne daß die eigene Position verlassen werden mußte. Die Kämpfer durften sich nicht – wie heute im Ring – bis zu fast 6 m bewegen, sondern mußten auf einer abgesteckten kleinen Fläche nahe beieinander bleiben. Es wird beschrieben, daß ein kleiner Kasten auf dem Boden von etwa 1 x 2 m nicht verlassen werden durfte. Andere Quellen verweisen darauf, daß mit einem Fuß ein Kreis betreten wurde, dessen äußere Begrenzung nicht übertreten werden durfte. Aber auch Beschreibungen, nach denen die Kämpfer Knie an Knie standen, sind bekannt. Um Schläge auf den Kopf abzumildern, sind zeitweilig sogar Lederkappen getragen worden.

Die Kämpfe sind immer bis zur Entscheidung ausgetragen worden, wobei es nicht nur um die Kampfunfähigkeit gegangen sein könnte: Sie könnten der Auswahl der Besten, der Kräftigsten, der Widerstandsfähigsten gedient haben, die sich für ein Amt zu qualifizieren hatten. Es könnten Kämpfe von Adeligen gewesen sein – doch auch Faustkämpfe von Menschen, die nicht am Hof des Herrschers waren, sind belegt.

Wenn Faustkampfdarstellungen mit Metallhelm mit Sehschlitzen und einer Art Boxhandschuh an einer Hand dargestellt werden wie beispielsweise auf *Kreta* um *2000 v.Chr.*, dann kann das auch eine andere Bewandtnis mit dem Kampf haben: Vielleicht wollte man hier nur – wie in einem Theaterstück – etwas Bestimmtes sinnbildlich darstellen, hat aber so nie richtig gekämpft.

Um *1300 v.Chr.* wird in *Indien* bereits der Kampf mit der Faust erwähnt und mit dem Schwert- und Speerkampf gleichgestellt. Aber wie gekämpft wurde – nach welchen Regeln, warum und wie lange – ist unbekannt.

Schriftliche Überlieferungen von Faustkämpfen finden wir bei Homer, der in seinem vermutlich aus dem *8. Jahrhundert v.Chr.* stammenden Epos »Ilias« Kämpfe zu Ehren vor Troja gefallener Krieger beschreibt.

Im *7. und 6. Jahrhundert* vor unserer Zeitrechnung breitete sich der Faustkampf im heutigen *Griechenland* besonders stark aus. War die Ausbildung in Athen nur Begüterten möglich, so mußten in Sparta alle freien Bürger an der Ausbildung teilnehmen. Für die Wettkämpfe wurde an Übungsgeräten, die der heutigen Maisbirne ähnlich sind, trainiert. Gekämpft wurde grundsätzlich bis zur Kampfunfähigkeit; doch es scheinen auch andere Entscheidungen – wie etwa die Aufgabe – möglich gewesen zu sein. Die Kämpfer waren nicht mehr nur auf einen engen Raum begrenzt, sondern trafen sich auf einem Sandplatz im meist hellen Sonnenschein vor vielen Zuschauern. Große Wettkämpfe fanden zu Ehren der Götter statt: Die bekanntesten sind die Olympischen Spiele – Boxen stand seit *668 v.Chr.* im Programm dieser Spiele, und die Kämpfer traten nackt an. Die Wettkämpfer mußten vor den Wettkämpfen ein ausreichendes Training nachweisen können und hatten auch Taktik und Technik geübt. Ein Festhalten des Gegners im Wettkampf war nicht gestattet. Wahrscheinlich wurde eine Pause eingelegt, wenn beide Kämpfenden erschöpft waren. An einer Olympiaausscheidung beteiligten sich fünf bis zwölf Wettkämpfer. Obwohl mit Riemen an den Händen gekämpft wurde und die Hände innen mit Polstern versehen waren, um Schläge mit der Hand abzufangen, waren Verletzungen häufig. Der berühmteste damalige Boxer, Theogenes von Thasos, soll 1300 Siege errungen haben und 22 Jahre lang unbesiegt geblieben sein: Das bedeutet, daß er jeden Monat vier Kämpfe ausgetragen haben muß und diese Wettkämpfe recht häufig stattfanden. Für die Teilnahme an den Olympischen Spielen mußte man sich vorher in einem Lager einem Training unter Kontrolle der Kampfrichter unterziehen.

Bei maximal zwölf Teilnehmern sind mindestens vier Kämpfe nötig, um den Sieger zu ermitteln. Die Kämpfe können daher nicht so gefährlich gewesen sein, wie manche Beschreibungen uns das vermuten lassen.

Die Kämpfe wurden bis zum Sieg geführt. Konnte kein Sieger ermittelt werden, erhielten die Götter den Siegespreis. Möglich war aber auch, den Kampf aufzugeben.

Die *Etrusker* führten im *6. Jahrhundert v.Chr.* Kultfeiern zu Ehren der Götter durch, die auch Faustkämpfe beinhalten konnten. Die Hände waren bandagiert – oder mit einem Metallgewicht beschwert. Die Zweikämpfer waren häufig aus niederen Bevölkerungsgruppen. Ein Kampf auf Leben und Tod scheint ursprünglich möglich gewesen zu sein, ist dann aber wahrscheinlich immer mehr in den Hintergrund getreten.

Im *4. Jahrhundert* entstand in *Griechenland* ein völlig neuer Zweig des Faustkampfes. Da die freien Griechen nicht mehr alle körperlich trainieren mußten, trafen sich viele nur noch als Zuschauer bei sportlichen Übungen. Besonders talentierte jedoch trainierten jeden Tag. Damit sie gute Leistungen erreichten, wurden sie von wohlhabenden Bürgern unterstützt. Für die dann bei größeren Wettkämpfen errungenen Siege erhielten sie von ihren Städten finanzielle Unterstützung und wertvolle Preise. Sie kämpften für den eigenen Ruhm, für den ihrer Städte und für materielle Güter: Es war die Geburtsstunde des *Berufssports*, der sich immer mehr ausbreitete und auch nach Rom gelangte. Dort war um *100 v.Chr.* auch der Sitz einer Berufsgenossenschaft, die den Schutz der Athleten und ihre finanzielle Absicherung übernahm.

Im *Römischen Reich* gab es den Faustkampf in der bei den Griechen bekannten Breite nicht. Für die wohlhabenden Römer wurde eine körperliche Ausbildung auf dem Marsfeld, vor den Toren Roms, durchgeführt, die auch Faustkämpfe einschloß. Turniere und Spiele wurden aber nur von Berufskämpfern bestritten.

Die Kämpfe der rechtlosen Sklaven – oder Gladiatoren – gegeneinander, die mit Metalldornen an den Fäusten aufeinander los-

gingen, hatten nichts mehr mit sportlichen Kämpfen gemein.
Fast zur gleichen Zeit gab es Faustkämpfe auch in *Indien*, in *China* und auch in *Korea*, die durch Forschungen belegt sind.
Durch die Hinwendung zur christlichen Religion, die Ablehnung der Verehrung heidnischer Götter und ihrer Spiele, die Zerstörung der Tempel und mehrfach ausgesprochene Verbote geriet der Faustkampf fast in Vergessenheit. Es folgte um *393 n.Chr.* das Verbot der Olympischen Spiele, das in der Folgezeit noch mehrmals wiederholt wurde.
Nur Berufsathleten und die wachsende Schar der Schausteller zeigten noch Kämpfe.
In *China* breitete sich der Faustkampf ab *960 n.Chr.* aus. Auch aus *Rußland* sind für das *10. Jahrhundert* Belege für Faustkämpfe bekannt – doch auch in Rußland wurde der Faustkampf in der Folge mehrmals verboten.
In den Fechthandbüchern des europäischen Mittelalters finden sich auch Faustkampftechniken, die aber als allgemeine Raufkunst keine besondere Wertung erfahren.
Mit der Beschreibung der Lebensweise der Völker, die von den Seefahrern entdeckt wurden, erfahren wir auch etwas über den Faustkampf der Ureinwohner von *Amerika* und *Afrika* als Bestandteil von Kulten und Zeremonien.
In *England* fand der Faustkampf breites Interesse bei den Armen und auch unter den wohlhabenderen Bevölkerungsschichten. Um *1612* beteiligten sich vorwiegend untere Schichten an den Faustkämpfen, wobei nicht nur Stöße und Schläge mit der Faust erlaubt waren, sondern auch Ringertechniken. Im Jahre *1719* legte sich der Fechtlehrer James Figg den Faustkampftitel »Meister von England« zu, den er mehrmals verteidigen mußte. Ein Jahr später gründete er die erste Boxschule in England.
Da der Adel in England – anders als in anderen Teilen Europas – keinen Degen tragen durfte, um sich in Duellen nicht gegenseitig auszurotten, fand der Faustkampf Eingang in die sportliche Ausbildung.

■ **Boxhaltung um 1750 – noch ist die Fechterstellung gut erkennbar**

■ **Knie an Knie erfolgte der Faustkampf um 1800**

In England war schon damals das Wetten sehr verbreitet: Es wurde gewettet, wer der Sieger in einem Kampf werden könnte. Teilweise wurden sehr große Beträge eingesetzt – und das förderte die Ausbreitung des Faustkampfes.

Im Jahre *1743* stellte der Engländer Brougthon die ersten Regeln auf, um gleiche Bedingungen zu schaffen und einen Kampf in einer festgelegten Zeit beenden zu können. Diesen Zeitpunkt könnte man als *Geburtsstunde des Boxens* betrachten.

Der aus England stammende Mendoza – Meister von 1791–1795 – erhöhte die Attraktivität des Boxens, indem er Verteidigungs- und Angriffshandlungen einführte. Von Engländern wurde dann das Boxen – meist der Faustkampf ohne allgemeingültige Regeln – in den Kolonien verbreitet. Die ersten recht allgemeinen Regeln genügten jedoch den Ansprüchen noch nicht; sie wurden in den folgenden Jahren mehrfach überarbeitet.

1867 wurden dann vom Marquess of Queensberry Regeln für das *Boxen mit Handschuhen* aufgestellt, die einen weiteren Schritt zur sportlichen Ausübung des Boxens bedeuteten. Doch erst die weiteren Verbesserungen der Regeln, die alle Elemente des Ringens und Raufens verboten sowie Boxhandschuhe, Zahl der Runden, Runden- und Pausenzeiten festlegten, erfüllten immer mehr die sportlichen Ansprüche. Und diese Regeln sind bis heute stetig überarbeitet worden, um eine gute Vergleichbarkeit der sportlichen Leistungen zu erreichen und die Verletzungsgefahr für die Boxsportler immer weiter einzudämmen. Wie groß sie war, läßt sich aus dem längsten Profiboxkampf der Geschichte ablesen, der am 6. April

■ **Um 1890 kommen Bewegung und damit unterschiedliche Distanzen in die Kämpfe**

1893 in New Orleans stattfand: Jack Burke und Andy Bowen standen sich 7 Stunden und 19 Minuten gegenüber, bis der Kampf unentschieden gewertet wurde.
Darüber hinaus wurde aber anderswo auf dieser Erde der Faustkampf noch immer in anderen Formen betrieben – als Kampf mit Händen und Füßen, Kampf nur mit den Füßen (Fußfaustkampf),

■ **Englische Amateure um 1870**

Kampf mit Ringen und Fauststößen: Diese Kämpfe waren Bestandteil religiöser oder kultureller Feste, wie sie im Glauben vieler Völker noch bis heute erhalten sind.

Viele wohlhabende Engländer widmeten sich dem Boxsport, wollten sich aber nicht mit jenen messen, die bei Kämpfen für Geld auftraten: Sie gründeten eine eigene Boxrichtung, die den Sport nur der Freude halber betreiben wollte, und nannten sich *Amateure* – damit grenzten sie sich von denen ab, die mit Boxkämpfen Geld verdienten, und schufen sich eigene Regeln.

Gleichzeitig ist aber auch ein entgegengesetzter Prozeß zu beobachten. Langweilige und bei Beginn schon entschiedene Kämpfe konnten Zuschauer und Wettende nicht befriedigen: Sie hätten Einnahmeverlust bedeutet und die Existenz der Berufsboxer gefährdet. Damit nicht gute Berufsboxer gegen Anfänger oder Amateure antraten, bildeten sich Vereine, die Lizenzen vergaben. Beide Richtungen des Boxens haben sich in der Vergangenheit weiterentwickelt – sie treten uns heute als olympischer Boxsport und als Berufsboxen entgegen. Beide Richtungen haben eigene Regeln und sind von Technik wie Taktik her nur begrenzt vergleichbar.

Erstmalig war der Boxsport bei den Olympischen Spielen von 1904 in Saint Louis vertreten – mit sieben Gewichtsklassen. Zwei Jahre später wurde die ärztliche Untersuchung vor Boxwettkämpfen eingeführt.

Der Boxsport fand auch in Deutschland zunehmend Freunde. Bereits am 9. Juli 1899 veranstaltete der Hamburger Athletenklub »Löwe« Boxwettkämpfe. Jedoch war diese Form des Sports überall

■ **Berufsboxen um 1900**

in Deutschland – bis auf die Freien und Hansestädte – verboten, deshalb wurde meist in geschlossenen Vereinen geboxt. So fand dann auch die erste lokale Meisterschaft am 5. März 1911 in Berlin statt – mit vier Gewichtsklassen. Die 1. Deutsche Amateurmeisterschaft wurde am 5. Dezember 1912 in acht Gewichtsklassen in Hamburg ausgetragen.

Ein Verbot schränkte die Ausbreitung des Boxens bis nach dem Ersten Weltkrieg ein. Danach bildeten sich im deutschen Boxsport Amateur- und Berufsverbände. Der Höhepunkt der Entwicklung des Boxsports in Deutschland wurde Mitte der 30er Jahre erreicht, als sowohl im Berufssport mit Schmeling als auch im Amateurlager Weltspitzenleistungen erreicht wurden. Der Zweite Weltkrieg führte dann erneut zu einem Niedergang des Boxens. Doch bereits im November 1945 gab es in der Berliner Hasenheide die 1. Berufsboxveranstaltung. Nach Zulassung durch die Besatzungsmächte breitete sich der Boxsport 1947 in den Westzonen und 1948 in der sowjetischen Besatzungszone aus. Seit 1952 gab es mit dem Abbruch der Sportbeziehungen in Deutschland einen jeweils eigenständigen Weg der beiden Amateurboxorganisationen – bis zur Wiedervereinigung.

Gleichzeitig schritt die Entwicklung im internationalen Rahmen voran. Um internationale Kämpfe zu ermöglichen, mußten die nationalen Regeln so gestaltet werden, daß sie überall einsetzbar waren und eine Zusammenarbeit ohne Konflikte möglich wurde. Deshalb war die Gründung des Internationalen Amateurboxverbandes 1920 ein notwendiger und wichtiger Schritt zur Ausbreitung des Amateurboxens. Die Öffentlichkeit wurde mit der ersten Rundfunkübertragung von einem Boxkampf in den USA im Jahre 1921 – es kämpften die Berufsboxer Dempsey und Carpentier – immer mehr mit dem Boxen konfrontiert. Der Arbeitersport führte 1925 die Arbeiterolympiade im Boxen in acht Gewichtsklassen in Frankfurt am Main durch. Erstmals nahmen an den Olympischen Spielen 1928 Boxer aus Afrika teil. 1937 gab es in den Vereinigten Staaten die ersten Boxmeisterschaften zwischen Universitäten. Mit der Gründung kontinentaler Verbände und der Neugründung des Internationalen Amateurboxverbandes AIBA nach dem Zweiten Weltkrieg breitete sich der Amateurboxsport dann mehr und mehr aus.

In der Zwischenzeit hat es viele Veränderungen gegeben. Die Anzahl der Gewichtsklassen hat sich auf zwölf erhöht. Die Schutzbestimmungen sind Bestandteil aller Wettkampfformen. Die medizinische und die wissenschaftliche Betreuung der Sportler ist international standardisiert. Der Boxsport wird von immer mehr nationalen Fachverbänden organisiert: Dadurch treten immer neue Probleme im internationalen Sportverkehr auf, die auf der noch unterschiedlichen Leistungsfähigkeit der Athleten, der unterschiedlichen Ausbildung der Trainer und Funktionäre und der nichtwissenschaftlichen Begleitung von Ausbildung und Training beruhen. Viele dieser Abweichungen im internationalen Sportverkehr bedürfen der Steuerung und der Unterstützung durch die international übergeordneten Fachverbände.

Der Berufsboxsport, der seinen Ursprung vielleicht schon in Ägypten hatte, wo speziell im Faustkampf ausgebildete Athleten Sondergruppen der Soldaten darstellten, war der Träger des Boxgedankens.

Aber auf jeden Fall ist eine historische Linie von den Berufsboxern der Antike über die Schausteller des Mittelalters, die Preiskämpfer in England, Amerika oder Australien bis hin zum modernen Profiboxer zu verfolgen: Auch hier gibt es mehrere internationale Organisationen, die die Bedingungen für die Gestaltung der Vergleichskämpfe festlegen und an die marktwirtschaftliche Organisation gebunden sind.

Der Boxhandschuh

Wer heute einen Boxsportler in den Ring steigen sieht, weiß vielleicht nicht mehr, wie in den vergangenen Jahrhunderten die Faustkämpfer auftraten.

Der Boxhandschuh ist nur wenig über 100 Jahre alt. Erst seit die Regeln des Engländers Queensberry (1868) eingeführt wurden, gab es gepolsterte Wettkampfhandschuhe – nur für Übungen wurden gepolsterte Handschuhe bereits viel früher verwendet. Aus der griechsichen Geschichte ist bekannt, daß am Anfang des Faustkampfes die Wettkämpfe ohne Hilfsmittel ausgetragen wurden. Hier ist zu vermuten, daß die Rangkämpfe vielleicht denen aus dem Tierreich noch sehr ähnlich waren, wo man kämpft, droht, eine bestimmte Position einnimmt, sich aber im Kampf nicht ernsthaft verletzten will.

Mit dieser Absicht könnten die Kämpfer angetreten sein und versucht haben, eine Schwäche des Konkurrenten auszunutzen, um einen entscheidenden Schlag am Kopf – und nur am Kopf – anzubringen.

Da aber Verletzungen nicht ausbleiben konnten, wenn die Faust gegen die Knochen des Kopfes schlägt, war es im Interesse der Kämpfer, wenn die Hände mit weichen Lederriemen umwickelt wurden. Daß diese Riemen später bis zum Unterarm reichten, betont die Schutzfunktion gegen Verletzungen. Andererseits läßt sich daraus auch auf eine Veränderung der Techniken und eine größere Beweglichkeit schließen. Aber auch hart gegerbte Riemen kamen in späteren Jahrhunderten zum Einsatz, als sich der Charakter des Kampfes veränderte.

Welche Einflüsse dazu führten, die einzelnen Riemen zu einem Riemengeflecht – einen »Riemenhandschuh« – zu verbinden, ist nicht zu belegen. Zu vermuten ist, daß er schneller angelegt werden konnte. Ebenso wahrscheinlich ist, daß die Riemen mit starken Lederscheiben verstärkt erst dann zum Einsatz kamen, als der Faustkampf mehr zum Unterhaltungsspiel wurde, das von Berufsathleten durchgeführt wurde. Als die Fäuste noch mit Tonköpfen und Metallplatten oder -kugeln versehen wurden, stand wohl der Tod, als eine andere Art des Lebens in einer anderen Welt, nicht aber der Sport im Vordergrund.

Bereits seit Einführung des Übens an eigens für den Faustkampf konstruierten Geräten verwendeten die Griechen einen Handschuh mit Polsterung. Ob diese Tatsache bei der Neueinführung der Handschuhe um 1850 eine Rolle spielte, läßt sich nicht belegen. Doch die ersten Wettkampfhandschuhe waren nur wenig gepolstert und hatten ein Gewicht von vier Unzen, also etwa 120 Gramm. Erst zehn Jahre später wurden Sechs-Unzen-Handschuhe (180 g) eingeführt. Diese Handschuhe blieben für Berufsboxer fast 50 Jahre lang verbindlich. Die Amateure benutzten Handschuhe mit mehr Polsterung und einem Gewicht von acht Unzen (240 g). Mit der Verbreitung des Boxsports unter Kindern und Jugendlichen und der Suche nach verstärktem Schutz vor Schlagwirkungen wurde im Amateurlager das Gewicht der Handschuhe auf zehn Unzen (300 g) erhöht. Gegenwärtig wird nach einer Polsterung gesucht, die einen Teil der Schlagwirkung absorbiert. Auch Handschuhe mit Luftpolstern sind im Gespräch. Neben den Handschuhen sorgen Kopfschutz, Tiefschutz und Bandagen an den Händen für die Sicherheit der Wettkämpfer. Damit nähert sich der Boxsport wohl wieder jenen antiken Vorvätern an, die den Kampf wollten, aber keine Verletzungen des Kontrahenten beabsichtigten.

Faszination Berufsboxen und Amateursport

Berufssport war in der Antike bei Griechen und Römern weit verbreitet. Ja, es gab bei den Römern bereits einen Art Agentur, die sich für Rechte und Titel der Faustkämpfer sowie ihre Bezahlung einsetzte. Doch dies geriet dann über 1500 Jahre fast in Vergessenheit. Erst der selbsternannte »Meister von England« James Figg nannte sich so, verteidigte diesen Titel und übertrug ihn 1730 unbesiegt an Bob Pipes, der ihn erst verlor und dann wiedergewann. England war das Mutterland des Boxens. 1751 bewarb sich der Franzose Pettit um den Titel, den der Engländer Jack Slack ein Jahr zuvor von J. Broughton, dem langjährigen Boxmeister und Boxregel-Begründer, errungen hatte: Nach nur 24 Minuten mußte sich der Franzose allerdings geschlagen geben. Die Meisterschaft entwickelte sich immer mehr zu einer Weltmeisterschaft, obwohl die Meister in England beheimatet waren. Am 10. Dezember 1810 verteidigte der Engländer Cribb in einer umstrittenen Entscheidung den Titel gegen den Amerikaner Molineaux – doch auch im Revanchekampf ein Jahr später konnte Cribb seinen Titel halten. Am 8. Juni 1824 verteidigte der Engländer Tom Spring in einem Kampf über 77 Runden den Titel gegen den Iren J. Langan.

Im April 1860 bewahrte der Amerikaner Tom Savers seinen Titel in einem Kampf von zwei Stunden und 23 Minuten durch ein Unentschieden gegen den Amerikaner J. Heenan.

Am 15. Juni 1869 kämpften in St. Louis, USA, der Engländer Tom Allen und der Amerikaner Coole. Allen wurde wegen Tiefschlags disqualifiziert und der Amerikaner zum Sieger erklärt. Diese Entscheidung erkannten die Engländer nicht an und veranstalteten eine erneute Titelverteidigung. Vier Jahre später konnte Allen den Titel nach England zurückholen. Von 1877 bis zum Jahre 1930 verblieb der Titel, manchmal auch umstritten, in Amerika. So verlor der Amerikaner Ryan gegen den Engländer Goss, blieb aber trotzdem Meister. Zwei Jahre später, 1882, wurde Ryan von Sullivan geschlagen, und dieser erhielt den Titel Weltmeister.

Die Engländer veranstalteten 1887 in Paris einen Kampf zwischen dem englischen Meister Smith und dem Amerikaner Kilrain mit einer Börse von 2000 Pfund, der unentschieden endete. Ein Jahr später kämpfte Sullivan gegen den Engländer Mitchell in einem Drei-Stunden-Kampf, der nicht entschieden werden konnte.

Der letzte Weltmeisterschaftskampf *ohne Boxhandschuhe* wurde am 8. Juli 1889 in Richburg (USA) in einem 75-Runden-Kampf zwischen den Amerikanern Sullivan und Kilrain ausgetragen.

In den Kämpfen der Berufssportler ging es bereits seit 1910 um relativ große Börsen: Im Jahre 1919 betrug die Kampfbörse des neuen amerikanischen Stars Jack Dempsey über 452.000 Dollar – die Kämpfe der Berufssportler wurden immer mehr zu einer Finanzquelle der Veranstalter; so betrugen im September 1926 die Einnahmen im Kampf Tunney gegen Dempsey 1.895.000 Dollar. Der Rückkampf ein Jahr später brachte sogar eine Einnahme, die noch um eine Million höher lag.

Am 12. Juni 1930 kämpften der Amerikaner Sharkey und der Deutsche Max Schmeling um den Weltmeistertitel; er blieb nach dem Sieg noch zwei Jahre im Besitz des Deutschen. Über bekannte Profiboxer wie Joe Louis, Ezzard Charles, Joe Walcott und Rocky Marciano führte der Weg später zu Clay, Liston und Tyson.

Da in diesen Bereich viel Geld verdient werden konnte, sind oftmals Vorwürfe der Manipulation erhoben und auch Verbindungen zwi-

■ Sie gaben dem Boxsport und dem Berufsboxen neue Impulse: Manfred Wolke und Henry Maske

schen dem Profiboxen und der Unterwelt nachgewiesen worden. Seit Beginn der 90er Jahre hat sich die Profiszene grundlegend verändert. Vielen ehemaligen Amateuren blieb als Unterhalt nur der Einstieg in das Profilager: So sind viele hochklassige und technisch versierte Amateure in das Boxgeschäft eingestiegen.

Viele Organisationen bemühen sich um die Vergabe von Titelkämpfen, um sich so von Fernsehanstalten und Veranstaltergruppen Gewinne zu sichern. So gibt es unter anderem:
- die *World Boxing Association (WBA)* mit Sitz in Venezuela,
- den *World Boxing Council (WBC)* mit über 100 nationalen Berufssportverbänden,

■ Ohne das Können der Trainer hätte der deutsche Profiboxsport keine Glanzlichter:
Trainer K.-H. Krüger mit der neuen Hoffnung der Berufsboxer, Torsten May; 1990 in Berlin noch Amateur

- die International Boxing Federation (IBF) mit Sitz in den USA und
- die 1988 gegründete World Boxing Organization (WBO) mit Sitz in Puerto Rico.

Den europäischen Boxsport betreut die European Boxing Union (EBU) mit Sitz in Rom.

Der Bund Deutscher Berufsboxer (BDB) in Köln lenkt die Geschicke der deutschen Profis in den Box-Hochburgen Frankfurt an der Oder, Frankfurt am Main, Hamburg und Berlin.

Die Gewichtsklassen von Amateuren und Berufsboxern sind – auch innerhalb der internationalen Verbände – unterschiedlich.

Gewichtsklassen im Boxsport

Amateure	WBC (World Boxing Council)	WBA (World Boxing Association)
Halbfliegengewicht 48 kg	Strohgewicht 47,62 kg	Minifliegengewicht 47,62 kg
Fliegengewicht 51 kg	Leichtfliegengewicht 48,98 kg	Juniorfliegengewicht 48,98 kg
	Fliegengewicht 50,80 kg	Fliegengewicht 50,80 kg
	Superfliegengewicht 52,16 kg	Juniorbantamgewicht 52,16 kg
Bantamgewicht 54 kg	Bantamgewicht 53,43 kg	Bantamgewicht 53,43 kg
	Superbantamgewicht 55,33 kg	Juniorfedergewicht 55,33 kg
Federgewicht 57 kg	Federgewicht 57,15 kg	Federgewicht 57,15 kg
	Superfedergewicht 58,96 kg	Superfedergewicht 58,96 kg
Leichtgewicht 60 kg	Leichtgewicht 61,23 kg	Leichtgewicht 61,23 kg
Halbweltergewicht 63,5 kg	Superleichtgewicht 63,5 kg	Halbweltergewicht 63,5 kg
Weltergewicht 67 kg	Weltergewicht 66,67 kg	Weltergewicht 66,67 kg
Halbmittelgewicht 71 kg	Superweltergewicht 69,85 kg	Halbmittelgewicht 69,85 kg
	Mittelgewicht 72,57 kg	Mittelgewicht 72,57 kg
Mittelgewicht 75 kg	Supermittelgewicht 76,2 kg	Supermittelgewicht 76,2 kg
Halbschwergewicht 81 kg	Halbschwergewicht 79,38 kg	Halbschwergewicht 79,38 kg
	Cruisergewicht 86,18 kg	Cruisergewicht 86,18 kg
Schwergewicht 91 kg	Schwergewicht 86,18 kg	Schwergewicht 86,18 kg
Superschwergewicht über 91 kg		

IBF (International Boxing Federation)	WBO (World Boxing Organization)
Minifliegengewicht 47,62 kg	Minifliegengewicht 47,63 kg
Halbfliegengewicht 48,98 kg	Juniorfliegengewicht 48,99 kg
Fliegengewicht 50,80 kg	Fliegengewicht 50,80 kg
Superfliegengewicht 52,16 kg	Juniorbantamgewicht 52,15 kg
Bantamgewicht 53,43 kg	Bantamgewicht 53,52 kg
Superbantamgewicht 55,33 kg	Juniorfedergewicht 55,34 kg
Federgewicht 57,15 kg	Federgewicht 57,15 kg
Superfedergewicht 58,96 kg	Juniorleichtgewicht 58,96 kg
Leichtgewicht 61,23 kg	Leichtgew. 61,23 kg
Halbweltergewicht 63,5 kg	Juniorweltergewicht 63,5 kg
Weltergewicht 66,67 kg	Weltergewicht 66,67 kg
Halbmittelgewicht 69,85 kg	Juniormittelgewicht 69,85 kg
Mittelgewicht 72,57 kg	Mittelgewicht 72,57 kg
Supermittelgewicht 76,2 kg	Supermittelgewicht 76,2 kg
Halbschwergewicht 79,38 kg	Halbschwergewicht 79,38 kg
Cruisergewicht 86,18 kg	Cruisergewicht 86,18 kg
Schwergewicht 86,18 kg	Schwergewicht 86,18 kg

Beim Berufsboxen geht es um viel Geld, das von allen Beteiligten aber erst »verdient« werden muß. Der Sportler muß hohe Leistungen erreichen, ja fast so »einmalig« sein wie sein Kampfname – ob »Tiger« oder »Gentleman« –, und die Kampfbilanzen sollten nach Möglichkeit viele Siege durch K.o. aufweisen. Wenn die Zuschauer allen Kampfverläufen folgen können und eine vielseitige Werbung einsetzt, findet ein Berufsboxkampf immer genügend Interessenten.

Die Boxer treten an gegen einen Gegner, der eine andere, fremde, unbekannte Macht darstellt, in einem anderen Stil kämpft und der eigenen Entwicklung entgegensteht. Der Kampf gegen den Gegner ist ein Kampf um die eigene Position im Boxen – zu Hause und im Ausland. Boxen kann für die Aktiven die Bestätigung oder den Absturz in der Gesellschaft, Geld und Ehre oder aber Bedeutungslosigkeit und Elend bedeuten. Der Zuschauer wird somit an *Existenzkämpfen* beteiligt und nicht nur an Sieg oder Niederlage.

Der Amateursport wird von einem Weltverband geleitet, der AIBA (Association Internationale de Boxe Amateure = Internationaler Amateurboxverband): Er wurde 1946 gegründet; bis 1995 hatten sich diesem Weltverband 183 nationale Boxorganisationen angeschlossen. Der Amateursport in Deutschland wird vom Deutschen Amateur-Box-Verband (DABV) geleitet.

Schon vom Aussehen her unterscheiden sich die Amateure – mit Kopfschutz, größeren und besser gepolsterten Handschuhen, mit Jersey, das den Oberkörper bedecken muß – und natürlich auch im Kampfablauf von den Profis. Amateure kämpfen 3 x 3 Minuten oder 5 x 2 Minuten. Bei den Amateuren gibt es zwölf Gewichtsklassen gegenüber 17 bei den Berufsboxern (die drei großen Weltverbände geben unterschiedliche Gewichtsklassen an).

Auch Regeln und Wertungen sind unterschiedlich. Der Zuschauer sieht diese unterschiedlichen Auslegungen deutlich, wenn ein Kämpfer einen Wirkungstreffer erhalten hat: Bei der vergangenen Weltmeisterschaft der Amateure wurde dann sofort angezählt – beim Berufsboxer beginnt das Zählen in der Regel erst, wenn er nicht mehr auf den Beinen steht oder verteidigungsunfähig ist.

Es gibt somit *zwei Sportarten, bei denen mit ähnlichen Regeln, aber unterschiedlich vorbereitet* um den Sieg im Boxring gekämpft wird.

Gegenwärtig können wir in Deutschland einen Trend verfolgen, der sich auch schon in Amerika und anderen europäischen Ländern abzeichnet: Boxen ist zur Mode- und Fitneßsportart geworden. Das Boxtraining enthält viele Elemente, die im modernen Fitneßtraining verlangt werden: Es werden Ganzkörperbewegungen trainiert und große Anforderungen an Kondition, Kraft und Beweglichkeit gestellt – gleichzeitig werden psychische Eigenschaften wie Mut und Durchhaltewillen gefördert. Es ist auch die beste Möglichkeit für clle, die bereits einmal geboxt haben, sich weiterhin sportlich zu betätigen. Der Inhalt dieses Fitneßtrainings zielt auf die Nutzung der Trainingsmittel. So wird nach Erwärmung des Körpers die Muskulatur gelockert und entspannt. Es folgen Übungen mit dem Partner, um technische Abläufe zu erlernen, und dann folgt die anstrengende Art des Kämpfens gegen sich selbst an den Boxgeräten: Vom Sandsack reicht die Auswahl über Maisbirne, Plattformbirne, Doppelendball bis hin zum kleinen faustgroßen Punchingball. Um die Schnelligkeit und Lockerheit der Beinarbeit zu erreichen, wird das Seilspringen – in den unterschiedlichsten Formen – in fast keiner Trainingsstunde fehlen. Auch das Boxen gegen einen gedachten Gegner – das Schattenboxen – fehlt selten. Je nach Intensität und Belastung ist *diese Art des Boxens* sowohl *für die Kreislaufbelastung als auch für die Gewichtsreduktion gut geeignet.*

Frauenboxkämpfe
Wettkämpfe zwischen Frauen sind seit Anfang der 90er Jahre im Gespräch – bei den Berufboxern bereits seit längerer Zeit, bei den Amateuren seit der AIBA-Tagung 1994.
Die Stellung der Frau in der Gesellschaft durchlief viele Etappen. Selten jedoch ist sie in Kampfsportarten so einbezogen worden wie Männer.
Wir wissen aus der griechischen Geschichte, daß im Stadt-Staat Sparta auch die jungen Frauen in den damals bekannten Kampfsportarten unterwiesen wurden. Wie sie aber gekämpft haben und gegen wen, ist leider in keiner der uns überlieferten Quellen dokumentiert.
In einigen Büchern wird der Eindruck vermittelt, daß es Frauenfaustkämpfe auf der Insel Tonga gegeben haben soll. Die Frauen werden mit freiem Oberkörper und leichten Riemen an den Händen dargestellt. Die Haltung läßt jedoch nicht auf einen Faustkampf nach den heutigen Vorstellungen schließen. Auch aus Asien sind Berichte über kämpfende Frauen bekannt. Derartiges ist aber nur denkbar, wenn die Frauen aus den traditionellen Rollenvorstellungen der Gesellschaft ausbrechen konnten. An der Selbstverteidigung haben sich sicher auch Frauen beteiligen können, aber vermutlich mehr in Form eines Unterhaltungsspiels. So wird von Frauen-Savatekämpfen zwischen den beiden Weltkriegen berichtet.
In einigen Büchern zur Geschichte des Boxens wird auf die Zeit der Neuentdeckung des Kampfes mit der Faust verwiesen: So sollen sich auch die Fischweiber auf dem englischen Märkten einen Faustkampf geliefert haben, wenn es um die Behauptung eines guten Standplatzes ging. Aus der Zeit der Anfänge des Boxsports, der über einen Zeitraum von 100 Jahren zurückreicht, sind Aktivitäten des Frauenboxsports bekannt: Bilddokumente belegen Frauenboxen in

Berlin um 1900, und bereits 1904 sind in St. Louis in USA auch Frauen in den Ring gestiegen. Wenn heute auch Frauen Übungen aus dem Boxprogramm empfohlen werden, ist auch das nicht neu: Bereits in den zwanziger Jahren dieses Jahrhunderts haben junge Frauen den Boxsport als Körpertrainingsmittel entdeckt. In den USA ist in einigen Staaten Frauenboxen sogar im Profibereich möglich: Virginia City im Staat Nevada erteilt frühzeitig die Erlaubnis zur Vergabe von Lizenzen.

Und in Deutschland kämpfte Regina Halmich als erste Frau um einen internationalen Meistertitel. Die öffentlichen Auftritte der Studentin Ulrike Heitmüller mit der Forderung nach Zulassung des Frauenboxens im Amateurlager stellen erste Bemühungen zur Neufassung von Regeln und Wettkampfbestimmungen dar.

Boxsport und Selbstverteidigung

Als die Engländer den Amateur-Boxsport neu entdeckten, feierten sie ihn als männliche Kunst der Selbstverteidigung.

In der Zwischenzeit sind über 120 Jahre vergangen, und auch die Selbstverteidigung hat ihren Platz im Bereich des Sports gefunden. Sie bedient sich dabei sportlicher Techniken aus mehreren Sportarten. Auch Elemente des Boxsports – Gerade, Haken, Meiden, Parade und Block – sind integraler Bestandteil der Selbstverteidigung.

Haben sich die im Boxsport gesammelten wissenschaftlichen Erkenntnisse mit der Übernahme in andere Formen der Selbstverteidigung durchgesetzt?

Wir wissen, daß ein schneller Stoß nur möglich ist, wenn die Muskulatur locker und entspannt ist. Sollen die Hände jedoch auf dem Weg ins Ziel gedreht oder geschraubt werden, ist dazu zusätzliche Muskelspannung notwendig. In manchen Kampfsportarten wird empfohlen, die Hand leicht im Gelenk zu beugen, um mit den Knöcheln treffen zu können. Dabei wird vergessen, daß in einem gut trainierten Stoß so viel Kraft steckt, daß ein gebeugtes Handgelenk schwer geschädigt werden kann, wenn es auf einen harten Gegenstand trifft.

Der gerade Boxstoß ist die einfachste Art, sich zu verteidigen. Diese Art des Stoßens ist schnell erlernbar und kann in vielen Varianten ausgeführt werden. Besonders wegen der Vielseitigkeit kann der gerade Boxstoß auch gut im Notfall eingesetzt werden. Da die Stoßtechniken eine Ganzkörperbewegung darstellen, können auch Frauen damit eine Kraft entwickeln, die weit über die bloße Armkraft hinausgeht.

Das wichtigste ist jedoch, daß die Übenden durch diese Stoß- und Schlagbewegungen die Fähigkeit erhalten, einen Stoß zu beobachten und nicht die Augen zu schließen oder den Kopf abzuwenden. Dieses Verhalten ist bei über 50 Prozent der Bevölkerung als natürliche Schutzreaktion zu beobachten, verhindert aber eine effektive Selbstverteidigung.

Die Beschäftigung mit einer Kampfsportart, das Bewußtsein der eigenen Körperbeherrschung und die Fähigkeit, sich den Angriffen anderer zu entziehen, führen zu einem Selbstbewußtsein, das sich auch in der Körpersprache ausdrückt. Es signalisiert Durchsetzungsvermögen, Mut und Selbstbehauptung.

Die Verteidigungselemente, die im Boxsport gelehrt werden – ob mit der Hand als Parade oder dem Unterarm als Block –, dienen jedoch immer der Vorbereitung einer eigenen aktiven und verdeckten Abwehrreaktion. Dabei muß betont werden, daß der Boxsport von seiner Anlage her eigentlich eine Verteidigungssportart ist: Für einen Angriff stehen mindestens sechs bis acht Verteidigungstechniken zur Verfügung, die leider viel zu wenig bekannt sind.

Die Verteidigungsfähigkeit ist bei Kampfsportlern unterschiedlich ausgeprägt: Boxer lassen nicht gern jemand so nahe an sich herankommen, daß sie angefaßt werden können. Judoka und Ringer hingegen benötigen eine solche Nähe, einige asiatische Sportarten ebenfalls. Distanzgefühl erlernen Boxer mit den ersten Schlagübungen.

Und noch eine andere Eigenheit spricht für die Beschäftigung mit Kampfsportarten – und insbesondere mit dem Boxen: Jede Technik kann nur mit Hilfe eines Partners erlernt werden. Dabei darf keine Kraft in den Schlägen stecken, auch wenn man einen Schlag abbekommt: Sonst schlägt der Partner hart zurück, und effektives Lernen ist nicht mehr möglich. So entwickelt sich beim Boxtraining eine Form der Selbstbeherrschung. Das führt auch unter den Bedingungen der Selbstverteidigung dazu, die Übersicht zu bewahren, angemessen zu reagieren und der Brutalität vorzubeugen.

Ist Boxen noch zeitgemäß?

Die Diskussion um die Werte des Boxsports wird auf zwei Ebenen geführt. Auf der einen Seite werden die medizinische und die psychische Gefährdung hervorgehoben – und auf der anderen Seite wird insbesondere die Förderung der körperlichen und charakterlichen Entwicklung betont. Da wir die gesundheitlichen Aspekte des Boxens in einem eigenen Kapitel behandeln, beschäftigen wir uns hier besonders mit den Werten für die Persönlichkeitsbildung.

Wenn wir hier über den Amateurboxsport sprechen, so meinen wir die längerfristige Ausübung, die erst zu einer Ausschöpfung der Möglichkeiten führen kann, wenn Trainingsanforderungen und Umfeld dies begünstigen. Der Sport selbst hat durch taktische und technische Anforderungen und die Arbeit mit dem sportlichen Gegner und dessen Leistungsniveau einen eigenständigen Anteil an der Persönlichkeitsbildung, der negativ oder positiv auf die körperliche Entwicklung einwirkt.

Entscheidend sind die Forderungen des Trainers, die Bedingungen für die Umsetzung des Sports und die Normen des Umfeldes. Wenn der K.-o.-Schlag als das wichtigste Können im Boxsport bewertet wird, kann sich ein guter Techniker nicht mit dem gleichen Ruhm schmücken, das gleiche Ansehen genießen wie ein Sieger durch Knockout, obwohl seine Leistungen nicht von einem »Glücksschuß« abhängig sind: Je mehr Wissen über sportliche Technik vorhanden ist, um so eher begeistern auch technische Leistungen Zuschauer und Umfeld.

Was bringt der Boxsport dem Aktiven?

1. Steigerung der körperlichem Leistungsfähigkeit, insbesondere der Schnellkraft, der speziellen Schnellkraftausdauer, der Koordination und der Beweglichkeit.
2. Besseres Sozialverhalten: Einhalten der Regeln, auch wenn dadurch die erwartete Leistung nicht erreicht wird; Beherrschung von Affekten, den Gegner also nicht anschreien oder treten oder unkontrolliert stoßen; Wahrung von Selbstdisziplin, um bei ungerechter Wertung durch die Ringrichter oder bei einem Foul durch den Gegner nicht die vorgeschriebenen Normen zu verlassen.
3. Respekt vor dem Gegenüber – die Würdigung seiner Leistungen, den Willen, voneinander zu lernen und dem Schwächeren zu helfen.
4. Selbstvertrauen in die eigene Leistungsfähigkeit, also Schwierigkeiten zu überwinden, die sich durch Trainerforderungen, einen schlagstarken Gegner oder durch taktische Aufgaben in Wettkampf oder Training ergeben.

Mittels eines Fragebogens zu Verhaltens- und Lebensvorstellungen befragten wir Boxsportler der höchsten Leistungsklasse (30 nationale und internationale Meister) und 70 Boxer, die den Sport über einen längeren Zeitraum ausübten: Wir stellten fest, daß alle, die sich dem Leistungssport – und hier dem Boxen – zugewandt hatten, im Durchschnitt bessere Werte aufwiesen, als zufällig ausgewählte Vergleichspersonen (auch besser als Volleyballer und Fußballer).

Boxsport und Streben nach sportlicher Leistung wirken sich also positiv auf die Persönlichkeiten der Sportler aus.

Der Amateurboxsport aus Sicht der Sportmediziner

Der Boxsport hat mit einem Klischee zu kämpfen, das viele vor Augen haben, wenn sie den Begriff »Boxen« hören: Es geht um die blutende und meist breite Nase. Einige Zeitungen berichteten über Todesfälle, und es werden Zahlen genannt, die Überprüfungen nicht standhalten. Andere sehen heute das Boxidol Cassius Clay alias Ali Muhammad mit zitternden Händen und Sprachstörungen vor sich. Sind das typische Folgen des Boxsports? Oder sind das die berühmten Ausnahmen, die Presse und Fernsehen besonders gern hervorheben? Denn es war der Wille des aktiven Berufsboxers gewesen, im fortgeschrittenen Alter nochmals Kämpfe zu bestreiten, die ihn erneut zu Höchstleistungen im sportlichen Wettkampf zwangen, als die Ärzte bereits deutlich »nein« gesagt und von Hochleistungen abgeraten hatten.

Im Boxsport stehen sich zwei gleich gute Aktive gegenüber, die den sportlichen Gegner unter Aufbietung aller Kräfte und Fähigkeiten besiegen wollen. Beide gehen bis an die Grenze der eigenen Leistungsfähigkeit. Das allerdings setzt voraus, daß:
– sie auf den Wettkampf und seine Anforderungen gut vorbereitet sind,
– Trainer oder Sportarzt bei Leistungsschwächen oder Verletzungen sofort einschreiten,
– stets gleichwertige Boxer gegeneinander antreten, und
– im Falle einer Niederlage oder eines K.o. ausreichend Zeit für die vollständige Wiederherstellung des Sportlers eingeräumt wird.

Verbesserte Schutzmaßnahmen im Boxsport
– Umwickeln der Hände mit einer elastischen Binde (4 m Webelänge) zum Schutz von Fingern, Knöcheln, Mittelhand und Gelenken,
– Tragen eines Tiefschutzes, um unabsichtlichen Treffern die Wirkung zu nehmen,
– Tragen eines Zahnschutzes, um eine Verletzung von Zähnen und Mundschleimhäuten zu verhindern,
– Tragen eines Kopfschutzes, um Stöße gegen den Kopf zu dämmen und die stets dramatisch aussehenden Blutungen von Augenbrauen, Jochbein und Haaransatz zu vermeiden, sowie
– Tragen größerer Handschuhe, um die Kraftentfaltung zu begrenzen und gleichzeitig durch Verstärkung der Polsterung eine Dämmwirkung zu erreichen.

An der Entwicklung hin zu mehr Sicherheit im sportlichen Wettkampf haben die Sportmediziner entscheidenden Anteil.

Ziel des Amateurboxsports ist es, den sportlichen Gegner mit technischen Mitteln zu besiegen. Die oft als Gefahr für das Boxen angeführte K.-o.-Entscheidung, die gemeinhin als Synonym für Verrohung, Feindseligkeit und Verletzungen steht, spielt nur noch eine untergeordnete Rolle: So sind bei den 198 Wettkämpfen der Junioren-Europameisterschaft nur vier Kämpfe durch K.o. entschieden worden – 73,2 Prozent der Kämpfe jedoch wurden durch Punktsiege entschieden, wie im World Amateur Boxing Magazin 28/93 nachzulesen ist.

Durch die Mitwirkung des Sportarztes am gesamten Boxablauf erhöht sich der Grad der medizinischen Betreuung in einem Maße, wie ihn keine andere Sportart aufzuweisen hat.

So muß der Arzt zunächst die sportliche Tauglichkeit untersuchen: Diese Untersuchung soll vor Beginn des Trainings vorgenommen werden und wird jedes Jahr wiederholt. Vor jedem Wettkampf muß der Arzt die Wettkampftauglichkeit bestätigen – das erfordert die Anwesenheit eines Arztes bei jedem Wettkampf. In den Regeln ist ein Mitspracherecht des Arztes bei Beendigung des Kampfes aus medizinischen Gründen festgelegt.

Wenn über die Gefahren des Boxsports gesprochen wird, muß gleichzeitig betont werden, daß sie nicht größer sind als in anderen Sportarten auch: Die Anzahl der Verletzungen ist sogar geringer als beispielsweise bei einigen Ballspiel-Sportarten.

Auf keinen Fall dürfen die positiven Auswirkungen des Boxsports auf die Körperbeherrschung vergessen werden. Jede Boxtätigkeit – ob am Sandsack oder mit dem Partner, in der Trainingshalle oder im Boxring – erfordert Grundfähigkeiten und -fertigkeiten: Sie reichen von Schnellkraft über Ausdauer bis hin zu über 50 verschiedenen Technikbausteinen.

Für die Persönlichkeitsentwicklung noch wertvoller sind die physischen Anforderungen: Eine Übung geht über einen festgelegten Zeitraum und belastet den Sportler bis an die Grenze seiner Leistungsfähigkeit – all das bildet den Körper aus, formt eine schlanke Muskulatur und baut durch Belastung schnell Fettreserven ab.

Übungen

Boxen spielend erlernen

Kinder, Jugendliche und auch Erwachsene, die gern einmal zu den Boxhandschuhen greifen, sollten nicht gleich versuchen, einen Boxkampf nach den Regeln und unter den Bedingungen der Leistungssportler zu absolvieren: Jeder erfahrene Sportler weiß, daß ein solches Unterfangen den Beteiligten nur Enttäuschungen bringt – besser ist es, entsprechend der jeweiligen Leistungsfähigkeit Kämpfe anzusetzen, die wie kleine Spiele schrittweise an den Sport heranführen. Schwerpunkt jeder Ausbildung wird dabei die Trainingsform sein, die sich an den Wettkampfbedingungen orientiert.

Varianten des Boxens sind jene Formen, die Boxen unter eingeschränkten Bedingungen zulassen, aber eigene Bildungs- und Erziehungspotenzen besitzen. Man kann sie weglassen, ohne daß die Qualität der Ausbildung leidet, aber der Spaß am Training ist an vielseitiges Üben mit unterschiedlichen Leistungspartnern gebunden. Deshalb sind viele Übungen Grundlage für eine vielseitige Ausbildung. Vor allem im Kinder- und Jugendbereich sowie in der Schule lassen sich so einzelne Bildungs- und Erziehungsabsichten akzentuierter entwickeln.

Übung des Boxstoßes (Üben der Führungshand)

Die hier vorgestellte Reihung geht vom Einsatz einfachster Mittel aus und klammert nicht die Arbeit an den Geräten aus, sondern will diese durch die Partnerarbeit ergänzen. Die Übungen werden immer zuerst im Stand und dann in der zu übenden Boxschrittbewegung ausgeführt. Boxschrittbewegungen können mit der Einführung in die Technikschulung bereits ausgeführt werden.

Übung für die Einnahme der richtigen Entfernung zum Partner: In der Schrittbewegung – Schulung der Koordination von Stoß- und Fortbewegung (Beinabdruck rechts, Hüft- und Schulterdrehung links, mit gleichzeitigem Armstrecken).

Die Partner stehen einen Schritt weit auseinander: Nur der linke Fuß wird vorgesetzt und gleichzeitig erfolgt ein Stoß mit der linken und – nach einer Fußbewegung nach rechts – ein Stoß mit der rechten Hand. Nach dem Zurückziehen des linken Fußes ist wieder ein Schritt Platz zwischen den Partnern.

■ **Boxstoß gegen einen Ball**

■ **Boxen in die Handschuhe des Partners**

Auch der Diagonalschritt mit Schlag läßt sich gut üben, dabei lernen die Sportler, daß harte Schläge meist nicht sonderlich schnell sind.
Übung im Stand und in der Bewegung: Die Linke oder die Rechte wird schnell angehoben, und sofort muß ein diagonaler Stoß mit der Führungs- oder Schlaghand erfolgen (es wird also z.B. mit der Rechten diagonal in die linke Hand gestoßen). Wenn beide Hände gehoben werden, liegen die Zielpunkte weit auseinander: Dann ist ein Nachsetzen des linken Beines in die Schlagrichtung notwendig.

■ **Boxen auf einem Bein stehend**

■ **Boxen in der Hocke**

Boxen auf einem Bein stehend: Durch die Haltung des angezogenen Beines sind Beweglichkeit und Schlaghärte eingeschränkt,
- Linksausleger heben linkes Bein nach vorn im rechten Winkel; Boxen in dieser Stellung ist nur mit sehr eingeschränkter Beweglichkeit und begrenzter Schlaghärte möglich;
- linkes Bein nach hinten anheben, Schlag härter aber langsam;
- rechtes Bein im rechten Winkel vorn anheben, Schlag nicht hart, da Hüft- und Schultereinsatz nicht möglich;
- rechtes Bein nach hinten angewinkelt: Stoß hart, da rechtes Bein den harten Stoß unter Einsatz von Schulter und Becken ermöglicht.

■ **Boxen im Kniestand**

■ **Medizinball durch Boxstöße an der Wand halten**

Boxen in der Hocke: Die Belastung der Oberschenkel wird nach 40 Sekunden so groß, daß nicht mehr an Kampf gedacht wird, die Sportler wollen aufhören. Hier schult man das Durchhaltevermögen; die Übung sollte aber nicht über zwei Minuten hinausgehen.
In dieser Form ist kein richtiger Krafteinsatz möglich, da nur aus dem Arm heraus gestoßen werden kann.

Boxen im Kniestand: Beide Partner sind soweit voneinander entfernt, daß sie sich bei voller Drehung des Oberkörpers und bei Armstreckung gerade berühren können.

■ **Doppeldeckung**

Diese Übung ist eine gute Schulung für die Anwendung der Verteidigungstechniken – Block und Parade in ihren unterschiedlichen Formen – und die sofortige Einnahme der Grundstellung.

Vollball durch Boxstöße an der Wand halten: Das ist nur möglich, wenn schnell geschlagen und keine Pause eingelegt wird. In der Ecke läßt sich der Ball leichter halten als an der Wand.
- Ball durch Halbdistanzstöße an der Wand halten (eventuell Zeit vorgeben),
- Turnbank oder Kastenteil an die Wand stellen, so daß es nicht mehr möglich ist, unter den Ball zu treten: Der Ball kann jetzt nur durch eine höhere Schlagfrequenz an der Wand gehalten werden.

Ziel: Schulung der Schlagschnelligkeit, des notwendigen Krafteinsatzes und der Schlagausdauer (gegebenenfalls Ballgewichte verändern)

■ **Hüpfender Kreis**

■ **Boxen in der Rückenlage zur Kräftigung der Bauchmuskulatur**

Einnehmen der Doppeldeckung und Beobachten des Partners durch die Hände:
Partner 1 stößt mit der Führungshand im Abstand von mindestens drei Sekunden zum Kopf des in Doppeldeckung stehenden Partners. Partner 2 weicht diesen Stößen aus.
Der in Doppeldeckung stehende Partner pendelt von einer Seite zur anderen und weicht den Schlägen aus. Dabei muß ein ungleichmäßiges Schlagen und Pendeln erreicht werden, sonst bildet sich ein Rhythmus heraus!

Pendeln: Wer auf der linken Seite getroffen wird, stößt sofort mit der Rechten, wer beim Pendeln auf der rechten Seite getroffen wird, stößt sofort mit der Linken zum Partner, der diese Hand dann auffangen soll.

Hüpfender Kreis

Für diese auflockernde Spielform (Bezeichnung nach Döbler *Kleine Spiele*, Berlin 1966) wird ein Boxhandschuh an ein Hanfsprungseil gebunden. Die Sportler bilden vor dem Trainer einen Halbkreis und stehen in Entfernung der Seillänge. Der Trainer läßt den Handschuh kreisen, und die Aktiven müssen aus unterschiedlichen Stellungen springen und landen.
Das Sprungseil kann knapp über den Boden oder in Kopfhöhe kreisen. Der Trainer führt das Seil in kreisender Bewegung immer aus dem Kniestand über seinem Kopf. Das ist eine konditionell sehr ansprechende Trainingsform, die durch unterschiedliche Armhaltungen der Aktiven noch erschwert werden kann.
Diese Form eignet sich sehr gut zur Festigung der Boxbeinstellung, zur Konditionierung und zur Reaktionsschulung.

Boxen in der Bauchlage

Beide Partner liegen sich in Bauchlage in Armlänge gegenüber. Arme und Beine werden angehoben, nur der Bauch berührt den Boden. Beide Partner versuchen nun über einen festgelegten Zeitraum, so oft wie möglich gegen den Boxhandschuh des anderen zu boxen, ohne daß Arme und Beine abgesetzt werden.
Ziel: Boxen kräftigt die Rückenmuskeln. Diese Übung wirkt dem entgegen und kräftigt diese Muskeln. Da die Armmuskulatur schneller ermüdet als die Rückenmuskeln, neigen die Sportler schnell dazu, aufgeben zu wollen. Diese Übung fördert Durchhaltewillen und Härte gegen sich selbst.

Boxen aus der Rückenlage

Partner 1 liegt auf dem Rücken und hebt Kopf und Oberkörper etwa 10 cm an. Partner 2 steht in Höhe der Schultern über Partner 1 und hält seine Hände nach unten. In diese soll nun der liegende Sportler boxen, wobei er ständig versucht, unter Drehung der Schultern mit Härte in die Hände des Partners zu schlagen.

■ **Partnerübung**

■ **Zugbewegungen in der hohen Hocke**

Ziel: Kräftigung der geraden und schrägen Bauchmuskulatur. Auch diese Übung dient der Schulung des Durchhaltewillens.

Boxen als Partnerübung

Beide Partner stehen sich entsprechend ihrer Reichweite gegenüber. Diese Reichweite darf vom anderen nicht verändert werden, wenn sich beide in vorgegebener Boxstellung oder Schrittart und

■ Boxen gegen eine stabile Turnmatte

unterschiedlicher Geschwindigkeit in der Halle bewegen: Boxstellung, Diagonalschritt, Paßgang und Wechselschritt sind möglich.
Ziel: Schulung der Distanzfähigkeit, der Boxtechniken und der Beinschnelligkeit.
Beide Partner stehen sich gegenüber und fassen sich an den Händen. Unter wechselseitigen Drehungen des Oberkörpers und Armstreckung werden Boxstöße ausgeführt. Erfolgen diese Boxstöße in der Bewegung, werden Koordinationsfähigkeit und konditionelle Entwicklung gefördert. Werden die Bewegungen in der hohen Hocke ausgeführt, werden Oberschenkel- und Rumpfmuskulatur besonders gekräftigt. Schrittübungen und Sprünge in der gleichen Position erfordern einen enormen Durchhaltewillen.

Boxen gegen eine stabile Turnmatte

Eine stabile Turnmatte (etwa 2 x 1 m) wird auf die kurze Seite gestellt. Der Sportler versucht, durch Boxstöße ein Umfallen der Matte zu verhindern. Ziel: Schulung der konditionellen Fähigkeiten. Schläge in gerader Form sind besonders anstrengend. Diese Übung eignet sich besonders für die Schulung der Aufwärtshaken. Hohe konditionelle Anforderungen stellt das Halten des oberen Mattenteils an der Wand.

Umspringen

Der Sportler steht in leichter Grätsche. Er stößt die rechte Faust nach vorn und verlagert sein Gewicht stark auf das linke Bein. Dann erfolgt ein Stoß mit der linken Faust und eine Gewichtsverlagerung auf das rechte Bein. Dieser Wechsel wird ständig – alle zwei Sekunden – vorgenommen. Ziel: Konditionelle Ausbildung und Koordination von Beineinsatz und Schulterdrehung.

Sprungseilübungen

Im Boxkampf sind schnelle und kräftige Bewegungen erforderlich, die nur eine lockere Muskulatur ausführen kann. Beim schnellen Springen wird aber häufig die Schultermuskulatur sehr angespannt: Es ist deshalb notwendig, sie zu entspannen. Daher ist nicht nur eine Form des Seilspringens, sondern ein häufiger Wechsel zwischen den Varianten des Springens – ohne Tempoverlust – notwendig.

Varianten:
- Bei diesem Seilspringen wird immer nur ein Bein voll belastet; der andere Fuß tippt nur mit den Zehenspitzen auf. Beim nächsten Durchschlag wird das andere Bein belastet. Damit wird erreicht, daß die Muskulatur des einen Beines sich immer wieder entspannt: Diese Übung fördert die Schnellkraftentwicklung.
- Seilspringen mit gekreuzten Armen, Seilspringen mit gekreuzten Beinen.
- Seilspringen auf einem Bein; das andere Bein schwingt im Rhythmus nach vorn und nach hinten.
- Seilspringen mit vollem Armkreis: Wenn das Seil nach oben geht, werden die Arme zu einem vollen Armkreis mitgenommen.
- Seilsprungübungen zu zweit: Beide Partner stehen nebeneinander und ergreifen jeweils ein Seilende; dann wird gesprungen. Dabei müssen die Arme einen vollen Kreis mitgehen, sonst reicht die Seillänge nicht. Variante: Beide Partner stehen sich gegenüber. Partner 1 hält das Seil, Partner 2 legt die Hände auf die Schultern von Partner 1 und paßt sich dem Sprungrhythmus des Partners an.

Boxen gegen einen geworfenen Medizinball

Ein Partner wirft einen Medizinball in kleinem Bogen aus rund 3 m Entfernung auf den anderen in Boxstellung stehenden Partner. Dieser boxt mit links/rechts gegen den Ball: Der muß durch die Treffer wieder zurück zum anderen Partner fliegen.

Ball ausweichen

Zwei Partner stehen sich in einer Entfernung von etwa 6 m gegenüber. Sie spielen sich einen Volleyball zu. Tritt nun ein dritter Spieler in die Mitte, wird versucht, diesen ohne Täuschung mit einem Druckwurf zu treffen. Dabei darf nur auf Kopf oder Beine gezielt werden. Der in der Mitte stehende dritte Spieler muß sich ständig dem jeweiligen Ballbesitzer zuwenden und dem geworfenen Ball ausweichen.

Ball prellen

Ein Ball – Tennisball, Fußball oder Volleyball – wird mit einer Hand oder beiden Händen ständig geprellt, also auf den Boden geschlagen. Dabei sind die Boxbeinbewegungen einzunehmen: Dia-

■ Übung mit dem Stab

gonalgang, Wechselschritt oder Paßgang. Größe und Gewicht des Balles bestimmen die Schnelligkeit der Ausführung und damit den erforderlichen Krafteinsatz. Diese Übung dient sowohl der Koordinationsschulung als der konditionellen Förderung.

Kraftschulung mit dem Medizinball

Wird der Ball mit gebeugtem Arm in Hüfthöhe gegen die Wand geworfen, wird vor allem die Hüftmuskulatur gestärkt.

Übungen mit dem Stab

Diese Übungen sind eine wertvolle Ergänzung der koordinativen und konditionellen Ausbildung.

Varianten:
- Der Stab wird über dem Kopf gehalten, die Muskulatur von Arm und Rücken gespannt: Es folgen Bewegungen im Diagonalschritt, Paßgang und Wechselschritt.
- Wird der Stab in den Nacken gelegt, werden Dehnungs- und Kräftigungseffekt noch vergrößert.
- Rumpfbeugen und Drehbewegungen fördern Dehnung und Kräftigung der Rumpfmuskulatur.
- Wird der Oberkörper nach hinten gebeugt, wird die Bauchmuskulatur gedehnt und gekräftigt.

Da die Rückenmuskulatur durch ständige Dehnung nicht genügend angespannt wird, sind Übungen mit dem Stab eine wertvolle Ergänzung des Trainings.

Technik

Die erste Technik, die erlernt wird, ist die Boxstellung. Sie wird in einer Form gelehrt, die eine Umstellung auf die individuelle Art des Faustkampfes ermöglicht: Jeder Aktive hat spezielle Fähigkeiten oder Besonderheiten, die im Lauf der Jahre seine Boxhaltung prägen. Bereits bei Anfängern ist auf die Boxhaltung zu achten; sie ergibt sich aus den Körpermaßen. Die Praxis zeigt viele Beispiele für effektive und individuelle Boxhaltungen. Allen gemeinsam jedoch sind das Einnehmen einer optimalen Deckung und die Einhaltung einer optimalen Beinstellung, die eine schnelle und kraftsparende Beweglichkeit zuläßt und die Bewegungen von Armen und Oberkörper unterstützt.

Beinstellung

Die Boxstellung wird geprägt durch Beinstellung, Haltung des Oberkörpers, Kopfhaltung und Haltung von Armen und Fäusten.
Erlernt wird zuerst die Beinstellung. Sie soll ermöglichen, daß der Aktive sich im Ring schnell bewegen kann. Jede Beinbewegung wird mit Entlastung eines Beins, Gewichtsverlagerung auf das andere Bein und Abdruck mit den Zehenballen eingeleitet. Der Abdruck soll immer in Richtung des später auszuführenden Schlages erfolgen. Somit müßten Boxer eigentlich die Beine stets schulterbreit gestellt haben – die Zehenspitzen zum Gegner gerichtet und immer auf den Zehenballen stehend. Dann wäre mit nur geringer Gewichts-

■ Boxstellung

Kampfstellung von S. Ottke, Berlin 1991

Rechtsausleger in der angriffsorientierten Kampfstellung (Boyd, USA)

■ **Boxstellung von vorn; Links- und Rechtsausleger (R. Rühl, links, – R. Suetovius); der Rechtsausleger drückt die Führungshand des linken Boxers nach unten**

verlagerung sofort ein Schritt möglich, und der Fuß müßte nicht erst auf die Zehenballen gestellt werden. Das jedoch ist in der Praxis nicht oder nur selten machbar: Deshalb wird eine praktischere Beinstellung eingenommen, bei der der vordere Fuß mit der ganzen Fläche und der hintere nur mit den Zehenballen aufgesetzt wird.

Je breiter die Beinstellung, desto größer die notwendige Gewichtsverlagerung und desto langsamer die Gesamtbewegung.

Schulterbreite und normale Schrittlänge sind in der Regel nicht zu überschreiten.

Bei Rechtshändern ist der linke Fuß um eine Fußlänge nach vorn versetzt, und die linke Hand befindet sich etwa 20 cm vor der rechten Hand. Bei Linkshändern sind rechter Arm und rechter Fuß vorn – man spricht hier von einer *Rechtsauslage*.

Lehrweise (für Trainer)
Demonstration der Beinstellung:
Beine schulterbreit, linkes Bein um Fußlänge vorgezogen. Hinterer Fuß setzt nur mit den Zehenballen auf – somit bleibt das Körpergewicht gleichmäßig auf beide Beine verteilt.

Übung: Schrittübung nach vorn – vorderes Bein wird um Fußlänge oder weniger nach vorn gesetzt, der andere Fuß um die gleiche Länge nachgezogen.
Schritte üben lassen nach vorn, hinten, rechts und links.
Doppelschritte üben lassen. Der Fuß, der der Bewegungsrichtung am nächsten steht, wird zuerst gesetzt. Schrittübung nach hinten – hinterer Fuß wird zuerst zurückgesetzt, dann wird der vordere Fuß nachgezogen. Schrittübung nach rechts – rechter Fuß wird zuerst... siehe oben.
Partner stehen sich gegenüber: Partner 1 geht mit Schritten zurück – Partner 2 folgt ihm vorwärtsgehend – diese Übung erst langsam, dann immer schneller ausführen lassen. Die Aufgabenstellung mehrmals wechseln. Einem Partner können auch zwei Verfolger zugeordnet werden. Die Boxschritte sind somit Nachstellschritte, bei denen der Fuß zuerst bewegt wird, der der Bewegungsrichtung am nächsten steht. Damit sind in dieser Bewegung zwei unterschiedliche Schrittarten enthalten: Gehen linker Arm und linker Fuß gleichzeitig nach vorn, so sprechen wir vom *Paßgang*; gehen beim nächsten Schritt linker Fuß und rechter Arm nach vorn, so sprechen wir vom *Diagonalschritt*. Diese Schrittarten können natürlich auch einzeln geübt werden.

Körperhaltung

Die Arme werden so an den Körper angelegt, daß die Unterarm-Innenseiten am Körper anliegen. Die Handschuhe liegen mit den In-

■ **Boxstellung der Anfänger: Hände am Gesicht**

nenseiten am Gesicht an. Das Kinn wird leicht angezogen; der Rücken ist leicht gekrümmt: Mit einer solchen Haltung hat der Anfänger immer das Gefühl, durch die anliegenden Arme und Fäuste gedeckt zu sein.

In dieser Haltung werden jetzt die unterschiedlichsten Bewegungsaufgaben gestellt: Lauf – Einnehmen dieser Haltung; Sprungfolgen – Landung stets in dieser Boxstellung; Schrittgestaltung – in dieser Boxhaltung; Partnerübung in dieser Boxhaltung als Partnerverfolgung oder hüpfender Kreis.

Erhöhung der Reichweite

Die Beinstellung wird länger; die Fäuste werden vom Gesicht genommen; Handgelenk und Unterarm bilden keine Gerade, sondern werden im Handgelenk gebeugt; die Unterarme liegen nicht mehr am Körper an – ist ein Sportler für seine Gewichtsklasse zu klein, empfiehlt es sich, andere Boxstellungen zu wählen, die trotz geringerer Reichweite effektives Boxen ermöglichen:

Die Schrittweite wird vergrößert, das Gewicht mehr auf den hinteren

■ **Boxstellung für kleinere Boxer**

Fuß verlagert. Durch Streckung des hinteren Beins wird bei einem Schlag das ganze Körpergewicht auf den vorderen Fuß verlagert: Der Schlag wird härter, und durch die Gewichtsverlagerung wird die Reichweite vergrößert. Nachteilig allerdings wirken sich die höhere Belastung des hinteren Beines und eine kaum noch mögliche schnelle Beinarbeit aus. Die Vorteile wiederum liegen im Ausgleich der geringeren Reichweite durch Körpereinsatz und damit erhöhter Schlaghärte.

Führungshand

Nach dem Erlernen der ersten Abwehrhandlungen wird die Haltung der Führungshand verändert. Normal große und reaktionsschnelle Sportler halten sie bis zu 20 cm vor dem Gesicht: Damit lassen sich auf das Gesicht keine geraden Stöße mehr abgeben, und das Gesicht kann nur noch nur aus seitlichen Positionen getroffen werden – Stellung und Haltung der Führungshand als taktisches und technisches Mittel werden so bereits in den ersten Stunden gelehrt und gelernt (s.a. Abb. S. 46).
Die optimale Haltung der Führungshand liegt somit etwa 20 cm vor dem Gesicht und in der Höhe so, daß man über dem Handschuh gerade noch die Fäuste des Übungspartners sieht. Der Oberarm liegt dabei soweit wie möglich am Körper an.

Der Stoß der Führungshand: die linke Gerade
Führungshand ist diejenige »Hand«, die bei der täglichen Arbeit weniger eingesetzt wird – bei den meisten Menschen ist es die linke Hand, die ungeschickter ist. Im früheren Boxsport diente sie nur der Vorbereitung für den Einsatz der kräftigeren Hand, der sogenannten *Schlaghand*. Die Führungshand soll den Einsatz der Schlaghand vorbereiten, kann aber auch selbst enorme Kraft entwickeln.
Der Schlag der Führungshand ist keine Armstreckung, sondern eine Ganzkörperbewegung.
Verbunden mit dem Strecken des linken Arms ist der Zehenballenabdruck des rechten Beins, der eine Gewichtsverlagerung auf den linken Fuß einleitet. Linke Beckenseite und linke Schulter werden gleichzeitig mit der Armstreckung nach vorn gebracht. Die linke Schulter berührt dabei die linke Seite des Kinns.

Wird der Kopf nicht in diese Gesamtbewegung einbezogen, entwickeln sich Fehler, die später nur noch schwer zu korrigieren sind. Wird der Schlag mit einem Schritt ausgeführt, verlagert sich das Gewicht ruckartig auf den vorderen Fuß, der kurz vor dem Auftreffen beim Stoß der linken Faust fest stehen muß. Unter extremen Bedingungen werden so die Kraft des hinteren Beines, die Rumpfkraft und die Armkraft in die gesamte Stoßkraft eingebracht. Dabei gilt aber, daß die Schrittgröße die Schnelligkeit des Schlages bestimmt: Je größer der Schritt, desto langsamer die Gesamtbewegung und somit der Schlag.

■ **Führungshand von vorn und von der Seite**

Lehrweise (für Trainer)
Zunächst Demonstration, dann Erklärung der Schwerpunkte: Streckung hinteres Bein, Drehung von linker Hüfte und Schulter bei gleichzeitigem Armstrecken nach vorn.
Üben der Bewegungen nacheinander, dann gleichzeitiges Üben der Bewegungen.
Partnerübungen:
– Partner 1 stößt die Führungshand auf Kommando in die linke in Kopfhöhe gehaltene Hand von Partner 2 und zieht sie danach sofort in die Ausgangslage zurück.
– Dieselbe Übung: Der Schlag erfolgt, wenn Partner 2 die Hand öffnet.
– Schrittübung nach vorn: Schlag der Führungshand, Beinbewegung etwa 10 cm nach vorn, gleichzeitig Stoß der Führungshand.
– Schrittübung nach hinten: Schlag der Führungshand; Zurücksetzen des rechten Fußes bei Stoß der Führungshand, bei Zurück-

nahme der linken Hand Heranziehen des linken Beins.
Diese Bewegungen sollten nach Demonstration und Erklärung zunächst nacheinander, dann gleichzeitig und erst danach in Partnerarbeit geübt werden.

Gewichtsverlagerung

In den vergangenen Jahren haben sich im Boxsport unterschiedliche Arten der Körperhaltung herausgebildet:

■ **Boxstellung von oben betrachtet: Deutlich sichtbar sind Schulterdrehung und Lage der Schlaghand – ein Verdrehen der Schlaghand führt zu zusätzlicher Anspannung der Muskulatur und schränkt die Schnelligkeit ein**

Auf der einen Seite gibt es den Stil, der die linke Schulter weit nach vorn bringt, um mit der Führungshand viel zu arbeiten und die Schlaghand nur mit viel Kraft und über einen längeren Weg einzusetzen. Unterstützt wird diese Haltung durch eine optimale Beinstellung – auf den Zehenballen – des rechten Beins. Wird die Rechte gestoßen, verändert sich die Lage der Schultern, die rechte Schulter kommt nach vorn.

Die im Bild gezeigte Haltung hat zum Ziel, mehr mit der linken Hand zu stoßen als mit der rechten – Spitzenathleten jedoch arbeiten mit beiden Händen: Deshalb stehen sie frontaler, in Knien und Oberkörper gebeugter. Soll die Führungshand härter gestoßen, ein Haken mit der linken Hand vorbereitet werden, muß die linke Schulter zurückgenommen werden (verdeckte Ausholbewegung). Auch Pendeln oder Durchrollen von der linken zur rechten Seite verlangt ein Zurücknehmen der Schultern sowie in der Regel eine Fußstellung, bei der beide Beine auf gleicher Höhe sind. Zu beachten ist, daß – bis auf wenige technische Ausnahmen – immer die Schulter höher liegt, die den Stoß ausführt: Damit wird der Körperschwerpunkt über die Mitte der Unterstützungsfläche verlagert, um einen optimalen Einsatz der Körpermasse zu erreichen.

Erst die Gewichtsverlagerung ermöglicht im Boxen eine optimale Schlaghärte. Auf der einen Seite kann man durch Beinabdruck – mit einem oder beiden Beinen – eine Vorwärtsbewegung und gleichzeitig mit dieser Bewegung einen Stoß ausführen. Auf der anderen Seite kann man mit dem Oberkörper um den gedachten Schwerpunkt pendeln: Die Schulter der stoßenden Hand liegt dann höher und über dem vorderen Fuß – und der Körperschwerpunkt auf einer Linie von der Schlaghand bis zum stützenden hinteren Fuß.

Paraden

Aus der Vielzahl der möglichen Verteidigungen stellen wir exemplarisch stets nur eine Variante vor, die in unterschiedliche Richtungen geübt werden kann. Wir benennen jedoch möglichst alle Techniken, denn nur so ist es möglich, Wissen zu vermitteln und es zu überprüfen.

Parade nach innen

Wenn die Führungshand auf den Boxer zukommt, öffnet er die rechte Hand, um eine größere Deckungsfläche zu erreichen, und zieht sie unter Drehung von Becken und Schulter ruckartig vor das Gesicht; der Oberarm liegt fast am Körper an: Mit dieser Aktion wird die

Felix Savon (Kuba, l.) mit einer linken Geraden – schnelle Gewichtsverlagerung auf den vorderen Fuß (Berlin 1988; im Finalkampf Schwergewicht gegen Maik Heydeok / DDR; Savon entschied den Kampf mit einem 5:0 für sich)

■ **Parade mit der Schlaghand nach außen**

Führungshand am Gesicht vorbeigelenkt. Gleichzeitig deckt ihn des Gegners Unterarm so ab, daß dieser seine Schlaghand nicht einsetzen kann: Seine Führungshand stört – es wäre eine Gewichtsverlagerung notwendig.

Lehrweise (für Trainer)
Demonstration, dann Erklärung: Hand öffnen und Oberkörper mit Beckeneinsatz drehen, dabei bleibt der Oberarm fast am Körper.
Übungen:
– Übung im verlangsamten Ablauf;
– Übung im schnellen Ablauf;
– Übung mit linkem Schritt auf den Partner zu;
– Übung mit Schritt des rechten Beines zur Seite (10 cm), um aus der Angriffsrichtung herauszugehen.
Für den weiteren Leistungsaufbau kann man dann – nach vorausgegangenen Abwehraktionen – Haken zum Körper üben.

Parade nach außen

Die Endstellung der Parade nach innen ist die Ausgangsstellung für die Parade nach außen. Es muß erraten werden, wann der Partner seine Führungshand schlagen will. In diese Bewegung hinein wird die Ausgangslage erreicht und der Handschuh des Partners mit dem Handrücken unter Drehung von Schulter und Becken nach außen gedrückt: Ziel ist es, eine Vordehnung für den Einsatz der Führungshand zu erhalten, die dann eingesetzt werden kann. Bei dieser Übung muß man sich bewußt sein, daß man selbst von der Schlaghand getroffen werden kann. Der Arm bleibt angewinkelt, und die Parade wird durch Drehung der Schulter und Abkippen des Oberkörpers nach vorn ausgeführt.

■ Parade mit der rechten Hand mit gleichzeitigem Schritt des linken Beines nach vorn rechts (Klaus-Dieter Kirchstein, vom SC Dynamo Berlin, links, verlor gegen Patrick Mwamba, Sambia, rechts, 0:5 im Bantam-Finale)

Varianten:
– Schritt des rechten Beines nach vorn rechts unter gleichzeitigem Vorbringen der linken Schulter;

Europameister A. Vanderlijde (NED, l.) – E. Leti (SAM, r.): Parade mit der Führungshand nach außen und einer optimalen Vordehnung der rechten Seite für den nachfolgenden Stoß. (Der Kampf endete 14:0)

Parade mit der Schlaghand: nur eine Armbewegung (Finale im Superschwergewicht: A. Schnieders, D, links – A. Aulow, UdSSR, rechts)

Parade mit der Schlaghand nach außen (Finalkampf Halbschwergewicht: Jan Heinemann, SC Dynamo Berlin, links, – Andreas Otto, AK Vorwärts Frankfurt/Oder, rechts; Berlin 1988. Der Kampf endete 2:3)

– Schritt mit dem linken Bein nach vorn rechts unter gleichzeitigem Vorbringen von Schulter und angewinkeltem Arm.

Parade mit Schritt

Bei Erkennen eines Schlagansatzes wird der Oberkörper ganz leicht nach hinten geneigt, so daß er fast aufrecht steht; gleichzeitig wird die Führungshand nach vorn gebracht. Sie trifft die ankommende gegnerische Hand mit der Innenseite an ihrer Innenseite und lenkt sie dadurch ab. Wird diese Technik mit einem Schritt nach vorn verbunden, ist ein gerader Stoß der Führungshand zum Kopf möglich (s.a. Abb.52).
Diese Technik ist auch als Verteidigungs- und Angriffstechnik über die Außenbahn möglich.

■ **Parade nach außen – Führungshand**

Parade nach oben

Durch ganz leichtes Beugen beider Beine kommt es zu einer »Verkleinerung« des Körpers. Unter leichter Drehung der rechten Schulter und der rechten Hand nach vorn wird die fast gestreckte Führungshand von unten am Handschuh getroffen und nach oben

■ Parade von außen

■ Parade nach oben

abgeleitet – eine spezielle Technik für kleinere Boxer: Sie haben damit gleichzeitig eine verdeckte Ausholbewegung mit der Führungshand eingeleitet, deren Explosivität durch die Beinstreckung noch vergrößert wird.

Blöcke

Unter Blocken verstehen wir ein Auffangen des Schlages, bevor der Körper getroffen wird. Dabei wendet der Sportler diejenige Form des Blockes an, die seiner Kampfweise, seiner physischen und psychischen Entwicklung entspricht.

Unter leichter Drehung von Schultern und rechter Hand nach vorn – wobei der Handschuh geöffnet wird – erfolgt die Deckung des Gesichts durch Abfangen des Schlages. Der Ellbogen liegt fast am Körper an.

■ **Block mit der Schlaghand**

Durch die leichte Schulterdrehung erfolgt eine verdeckte Ausholbewegung.

Eine ganz andere Art des Blockierens von Schlägen nimmt ein Boxer vor, der schon einige Erfahrungen im Kampf gesammelt hat: Er vermutet, wann sein Boxpartner einen Stoß anbringen will. Um diesen Stoß zu unterbinden, wird ein Block auf halber Distanz oder direkt am Partner in dessen Boxhaltung angesetzt.

Unterarmblock

Wenn die Führungshand geschlagen wird, geht die eigene Führungshand unter Drehung der Schulter im rechten Winkel nach vorn. Durch eine leichte Drehung des Ellbogens nach außen wird die ankommende Führungshand mit der Schnürung am Handgelenk des Partners getroffen. Die Führungshand wird abgelenkt, die

■ Unterarmblock

eigene Hand jedoch könnte die begonnene Bewegung weiterführen.

Block an der Handschuhseite

Wenn verhindert werden soll, daß der Partner seine Führungshand stoßen kann, muß verhindert werden, daß diese die angewinkelte Position der Boxstellung verlassen kann. Das kann durch einen leich-

■ Block an der Handschuhinnenseite

■ Block an der Handschuhaußenseite

■ Unten: Unterarmblock mit der Schlaghand (Finale im Leichtgewicht: Julio Gonzales, Kuba, rechts, – Andreas Zülow, DDR, links, Berlin 1988. Der Kampf endete 4:1)

ten Stoß an die Seite des kleinen Fingers seiner Führungshand geschehen: Durch diese Bewegung wird die Führungshand um nur wenige Zentimeter in Richtung Ohr bewegt – und unter diesem Winkel ist keine Kraftleistung mehr möglich.

Block am Ellbogen

Wenn erkannt wird, daß die Führungshand gestoßen werden soll, geht die eigene Führungshand in Richtung des gegnerischen Ellbogens. Es wird versucht, ihn kurz über dem Gelenk zu treffen. Ein gerader Stoß ist jetzt nicht mehr möglich.

■ Der Schulterblock

Block an der Schulter

Ist der Gegner gleich groß oder kleiner, kann ein Stoß gegen das Schultergelenk angesetzt werden: Damit wird verhindert, daß die Schulter in den Schlag gedreht wird. Somit ist die stoßende Hand zu kurz, um noch zu treffen, und hat gleichzeitig keine Kraftwirkung mehr, da der Einsatz der Schulter fehlt.
Um einen ankommenden Schlag aufzufangen, wird die linke Schulter so weit nach vorn gebracht, daß sie das Kinn und einen Teil des Gesichts abdeckt. Dabei entsteht wieder die verdeckte Ausholbewegung für die Schlaghand, da die rechte Schulter weit nach hinten verlagert wird. Ein solcher Block kann allerdings erst gelehrt werden, wenn der Sportler in der Lage ist, den kommenden Schlag zu beobachten, und nicht die Augen schließt.

■ Parade eines Rechtsauslegers mit der Führungshand nach außen (Halbweltergewicht: Olympiasieger Hector Vinent, Kuba, rechts, besiegt Oleg Saitow, Rußland, 8:2; Berlin 1993)

Meiden der Führungshand

Statt »meiden« müßte es eigentlich »vermeiden« heißen: Es wird erreicht, indem man das Zielgebiet des gegnerischen Stoßes außerhalb dessen momentaner Reichweite bringt.

Rückschritt/Rücksprung

Bei Erkennen des Ansatzes für einen Stoß der Führungshand wird mit dem rechten Fuß ein kleiner Schritt (etwa 10 cm) nach hinten ausgeführt. Durch diese Bewegung wird der Abstand des eigenen Körpers zum Boxpartner um wenige Zentimeter vergrößert. Der Oberkörper kann durch ein leichtes Zurückbeugen (10 cm) diesen Schritt noch unterstützen. Da der hintere Fuß nur mit den Zehenspitzen aufsitzt und die rechte Schulter nur wenig gedreht wird, erhält der Körper durch diese Bewegung eine Bogenspannung: Das ist eine perfekte verdeckte Ausholbewegung, die sofort in einen Stoß nach vorn umgesetzt werden kann.

Abducken nach rechts vorn

Bei Erkennen des Schlagansatzes wird der rechte Fuß einige Zentimeter nach vorn rechts gesetzt. Gleichzeitig erfolgt eine Beugung des Oberkörpers nach vorn rechts und ein Vorbringen der linken Schulter: So schafft man sich sowohl eine Ausholbewegung für die Schlaghand als auch eine Angriffsmöglichkeit auf den Körper.

Abducken nach unten

Mit dieser Technik soll ein Treffer der Führungshand am Kopf verhindert werden, indem der Kopf bis auf die Brusthöhe gebracht wird. Dazu gibt es unterschiedliche Techniken. Aus der Boxstellung heraus wird der linke Fuß 20 cm nach vorn bewegt – oder der rechte Fuß etwa 20 cm nach hinten; gleichzeitig werden beide Knie gebeugt. Eine andere Methode ist es, beide Knie in der Zeit der Beugung kurz zusammenzudrücken, die Boxstellung aber beizubehalten – diese Bewegung ist schneller und weniger kraftintensiv. Erfolgt in diesem Augenblick ein Vorbringen der rechten oder linken Schulter, ist ein kraftvoller Stoß mit Gewichtsverlagerung möglich.

■ Seitschritt eines Rechtsauslegers nach vorn rechts (Finale Weltergewicht: Juan Carlos Lemus, Kuba, links, unterliegt Siegfried Mehnert, rechts, 35:74; Berlin 1989)

Rückneigung des Oberkörpers mit Schritt des linken Beines nach außen (Finale Superschwergewicht: Armando Kampuzano, Kuba, links, unterliegt Maik Meydeck, DDR, rechts, 40:53; Berlin 1989)

Rückschritt mit Oberkörperverlagerung (Amateur Henry Maske beim Chemiepokal in Halle/S. in typischer Konterhaltung)

Der rechte Ellenbogen wird kurzzeitig angekippt und so die Führungshand nach oben abgelenkt; gleichzeitig kann die Führungshand weiter zum Kopf gestoßen werden (Halbfliegengewicht, Vorrunde: Michael Schmohl, Deutschland, rechts – T. Sasaki, Japan, links, 5:0, Berlin 1991)

Abducken nach vorn nach vorausgegangener Schrittfolge rechts/links mit Angriff auf den Körper (Halbfinale Bantamgewicht: Rene Breitbart, DDR, rechts – Yong Myong Cho, KDVR, 4:1, 1988)

■ Abducken nach vorn innen (Finalkampf Bantamgewicht: Baloyi, RSA, links – Krüger, D, rechts, 6:2, Berlin 1992)

Stoß zur Abwehr

Die einfachste Art, einen Boxpartner aufzuhalten, der gerade einen Stoß ausführt, ist es, diesen Stoß mit einem Block aufzufangen. Gleichzeitig mit dem Zusammenstoß der beiden Handschuhe erfolgt der Stoß der eigenen Führungshand: Es ist somit ein geringfügig zeitversetzter Stoß.

Erfolgen beide Führungshandstöße gleichzeitig, spricht man von einem *Mitschlag*.

Wird die Technik von Block und Stoß um einen weiteren Stoß nach vorn und einem kleinen Schritt mit dem hinteren Fuß erweitert, ergibt sich aus der Verteidigung eine Angriffstechnik.

Eine andere Form des Mitschlags ist der Cross: Die Führungshand des Gegners wird durch eine Bewegung nach hinten oder rechts außen vermieden, und danach wird die rechte Gerade von außen geschlagen. Statt des Meidens der Führungshand ist auch ein Block möglich.

■ Mitschlag mit der Führungshand (Finalkampf Halbmittelgewicht: Wolfram Schmidt, rechts – Marcel Bellade, links, 34:29, Berlin 1991)

Doppeldeckung

Für den Lernprozeß ist die Doppeldeckung sehr wichtig – sie spielt jedoch im Kampfgeschehen nur im taktischen Verhalten eine Rolle. Bei der Doppeldeckung werden die Ellbogen fest an den Körper gepreßt. Der Rücken wird rund gemacht. Das Kinn ist angezogen. Die Hände werden geöffnet und mit den Fingerspitzen an den Haaransatz gepreßt. Das Handgelenk wird leicht nach außen gepreßt. Somit entsteht an den Handschuhenden eine Auflagefläche und in der Mitte eine Spannung, die jeden Schlag aufnimmt und ihn nicht auf Körper oder Kopf überträgt. Die Knie werden ein wenig gebeugt.
Wird die Führungshand geschlagen, läßt sich der Schlag auf diese Weise gut auffangen. Gleichzeitig sollte bereits zu diesem Zeitpunkt darauf hingewiesen werden, daß diese Stellung auch taktische Vorteile bietet: Sie ermöglicht verdeckte Ausholbewegungen mit der Führungs- und auch der Schlaghand.

Mitschlag gegen die Schulter als Verteidigungstechnik (Olympischer Finalkampf im Fliegengewicht: Chol Su Choi, Korea, rechts – Raul Gonzales, Kuba, links, 12:2)

■ Cross der Schlaghand über die Führungshand

■ Die Doppeldeckung

■ **Pendeln mit der Doppeldeckung als verdeckte Ausholbewegung**

Die Gerade

Stoß der Schlaghand – die rechte Gerade

Mit dem Einsatz der Schlaghand wird in der Boxausbildung eine völlig neue Ebene erreicht, denn mit dieser Schlaghand kann Kraft in den Schlag gebracht werden. Deshalb ist es wichtig, zu wissen, welches Verhältnis zwischen Kraft, Muskelanspannung und auch Wut oder Ärger bestehen. Denn bei einem Kampf kann nur der einen Treffer landen, der schneller ist als der andere. Wird aber ein »Kraft«-Schlag mit gespannter Muskulatur geschlagen, was bei Wut oder Ärger durchaus vorkommt, ist er immer langsamer als ein Stoß ohne angespannte Muskulatur: Jeder, der sich also verleiten läßt, hart stoßen zu wollen, wird damit meist nicht zum Erfolg kommen.
Die rechte Gerade wird gestoßen, indem Becken, Schulter und Arm – ohne Drehung der Faust – zum Gegner gedreht werden. Die Beckendrehung wird durch Streckung im rechten Fußgelenk eingeleitet. Erst durch die Koordination aller beteiligten Muskeln und Gelenke kann optimale Schlagkraft entwickelt werden.
Viele Boxanfänger stoßen nur die Faust heraus, ohne gleichzeitig Schulter und Becken nach vorn zu bringen: Diese Stöße werden dann lediglich mit Armkraft gespeist.

Schlaghand mit Diagonalschritt (In der 1. Runde im Finalkampf im Federgewicht: Felix Bwalya, Sambia, links – Eddy Suarez, Kuba, rechts; Berlin 1989)

■ Angriff mit der Schlaghand mit Schritt des linken Beines nach vorn links, um aus dem Bereich der Führungshand zu gelangen

■ Rechte Gerade im Paßgang

Rechte Gerade in der Bewegung

Die rechte Gerade kann zunächst im Stand geübt, sollte dann aber sehr schnell in den unterschiedlichen Bewegungen geschult werden.

Diagonalschritt

Die rechte Gerade wird mit dem Vorbringen des linken Beines (10 cm) gestoßen, dabei gibt es eine leichte Gewichtsverlagerung auf den vorderen Fuß. Unterschiedliche Praktiken versuchen, die Drehung der Hüfte nach vorn durch Beinbewegungen zu unterstützen:
- Der linke Fuß wird beim Stoß nicht nur nach vorn, sondern auch um die gleiche Distanz nach vorn links außen gesetzt;
- der rechte Fuß wird um etwa 10 cm nach außen versetzt;
- die Ferse des rechten Fußes wird nach außen gedreht; das leitet die Schlagbewegung ein, vor dem Auftreffen des Schlages müssen die Beine aber wieder fest stehen.

Paßgang

Das ist ein Stoß, bei dem der rechte Fuß mit dem Stoß der rechten Hand nach vorn gesetzt wird. Der Fuß muß stehen, bevor die Faust auftrifft und der Druck aus dem Fußgelenk über Hüfte und Schulter auf die Faust übertragen werden kann.

Wechselschritt

Das Vorbringen der linken Faust wird mit einem Nachstellschritt abgeschlossen. Erfolgt danach ein Stoß mit der Schlaghand, wird wieder ein Nachstellschritt – beginnend mit dem linken Bein – eingeleitet. Diese Verbindung von Stoß und Schlag gestattet es, immer in der optimalen Boxhaltung zu bleiben und mit wenig Kraftaufwand und lockerer Muskulatur zu agieren.

Verteidigungen mit der Schlaghand

Die Verteidigungstechniken, die bereits für die Führungshand erlernt wurden, sind in der Regel auch mit der Schlaghand verwendbar. Der Gedanke der Effektivität bedarf jedoch noch weiterer Überlegungen.

Die Wehrbewegungen sollen so ausgeführt werden, daß für den Angreifer nur wenig Chancen bestehen, sofort mit der anderen Faust zu stoßen. Darüber hinaus sollen die Wehrbewegungen immer eine Vorbereitung für Folgetechniken darstellen, indem sie eine verdeckte Ausholbewegung ermöglichen.

Parade nach innen mit der Führungshand

Je näher die Führungshand am Körper bleibt, desto größer ist die notwendige Drehung der Schulter, was eine große Körperspannung für nachfolgende Aktionen ergibt.
Wird die Parade als Möglichkeit für nachfolgende Angriffsbewegungen gesehen, kann man das linke Bein – als Auftaktbewegung für den fol-

■ **Parade mit der Führungshand nach außen an der Handschuhinnenseite**

genden Stoß mit der Führungshand – leicht nach vorn links setzen. Die Haltung der Führungshand, die weit vor dem Körper liegen kann, ermöglicht so auch Paraden, die einen Stoß der gegnerischen Schlaghand nur um einige Zentimeter in der Richtung verändern. Solche veränderten, abgeleiteten Stöße können ihr Ziel nicht erreichen.
Die Parade nach außen erfordert von der Führungshand einen derart hohen Kraftaufwand, daß diese Technik nur zusammen mit einer Schulterdrehung nach vorn links unter gleichzeitigem Vorbringen (oder Stoß) der Schlaghand optimal erscheint.
Die Parade nach oben ist nur möglich mit Krafteinsatz. Dabei bietet sich eine ruckartige Stoßbewegung mit der Führungshand nach

■ Stoß der Führungshand gegen das Ellbogengelenk der Schlaghand

vorn oben an, die durch Vorbringen von linker Schulter und Becken noch unterstützt wird. Die Bewegung selbst ist minimal.
Der Block der gegnerischen Schlaghand kann mit der Führungshand oder mit der Schlaghand ausgeführt werden. Kann die Schlaghand mit der Führungshand am oder weit vor dem Körper geblockt werden, ist ein Block mit der Schlaghand nur nahe am Körper möglich: Die Deckung würde sonst zu weit geöffnet.

Der Haken

Seithaken zum Kopf

Hakenstöße sind Techniken, die – durch Körperhaltung und Handhaltung bedingt – eine größere Nähe des Boxpartners erfordern. Die günstigste Entfernung ist die halbe Armlänge. Ein Haken ist somit nur zu stoßen, wenn die Entfernung verringert werden kann. Das ist möglich, indem man einem Angriff ausweicht oder einen doppelten Schritt auf den Partner zu macht. Da ein Haken eine Kreisbewegung beschreibt, ist die Angriffsabsicht immer zu verdecken, da sonst kaum Aussicht auf Erfolg besteht. Am günstigsten ist es, wenn der Körper entgegen der Richtung, in der Haken erfolgen soll, wie ein Bogen vorgespannt, vorgedehnt wird: Das ist durch eine ver-

■ **Der rechte Seithaken zum Kopf**

deckte Ausholbewegung – ein Pendeln nach links, bei dem die rechte Schulter weit nach vorn gebracht wird – gut möglich.

Rechter Seithaken zum Kopf

Der linke Fuß bewegt sich etwa 10 cm nach vorn links. Gleichzeitig wird der Oberkörper ruckartig mit der rechten Schulter nach vorn gedreht. Zeitgleich wird der rechte Arm mit dem Ellbogen bis zum rechten Winkel – zwischen Oberarm und Körper – angehoben. Der Winkel zwischen Ober- und Unterarm beträgt 90 Grad. Die Handfläche zeigt nach unten. Durch eine leichte Gewichtsverlagerung auf den linken Fuß läßt sich auch ein Teil des Körpergewichts in die Schlagkraftentfaltung einbeziehen. Nach dieser Bewegung ist die Grundstellung sofort wieder einzunehmen. Es ist jedoch auch vorstellbar, durch ein weiteres Einbeugen im linken Fuß aus der Richtung zu gehen und somit gleichzeitig eine verdeckte Vorbereitung für den linken Haken einzuleiten.

Abwehr des Seithakens zum Kopf

Die Abwehr erfolgt durch Kopfdeckung. Die Faust wird mit der Handschuhinnenseite an den Kopf gepreßt. Der Ellenbogen liegt am Köper an. So trifft der ankommende Haken voll den Boxhandschuh. Eine leicht Körperbewegung nach rechts vermindert die Kraft des Stoßes erheblich.

■ **Kopfdeckung beim Seithaken**

Parade nach außen

Aus der Drehung heraus wird mit der Führungshand der Haken vor dem Körper abgefangen. Hier bietet sich ein Stoß mit der Schlaghand gleichzeitig mit der Wehrbewegung an.

■ **Der linke Seithaken zum Kopf**

Parade mit der Schlaghand nach außen, Schritt des linken Beins nach vorn und Beugen des Oberkörpers nach vorn links (Vorrundenkampf Federgewicht: Nadir Kurt, Deutschland, links – Angel Moya, Kuba, rechts; Berlin 1991)

Linker Seithaken

Mit einem Vorbringen des linken Beins nach vorn rechts erfolgt eine Becken- und Schulterdrehung. Zeitgleich wird der linke Arm angehoben und geht auf einer Halbkreisbahn (Handfläche nach unten) nach rechts. Der Beinabdruck ist ein verstärkender Kraftimpuls für die Schulter- und Armbewegung. Der Winkel zwischen Ober- und Unterarm wird von der Entfernung zum Boxpartner bestimmt. Die optimale Entfernung ist die, die einen rechten Winkel zwischen Ober- und Unterarm erfordert.

■ **Der rechte Aufwärtshaken**

Aufwärtshaken

Der Aufwärtshaken ist eine Technik, die auf halber Distanz oder noch näher am Partner angewandt wird. Ihre Stoßkraft erhält sie durch die Drehbewegung des Oberkörpers und die Armkraft. Durch Beugen des Oberkörpers nach vorn und Streckung im Stoß läßt sich ein weiterer Kraftimpuls erzeugen, ebenso durch Beugen der Knie und Streckung im Augenblick des Treffens. Allerdings sind alle großen Bewegungen des Körpers gut sichtbar und für den Partner berechenbar. Zudem ist zu beachten, daß große Gewichtsverlagerungen besondere Ansprüche an die Koordination stellen.

■ **Der linke Aufwärtshaken**

Rechter Aufwärtshaken

Die rechte Hand wird – mit dem Handrücken nach unten – bis zum rechten Winkel im Ellbogengelenk fallengelassen. Gleichzeitig wird die rechte Schulter zurückgeführt: Das ist die Auftaktbewegung. Beim Hochreißen der rechten Hand werden rechte Schulter und Hüfte nach vorn gebracht. Unterstützt wird diese Bewegung durch einen Schritt mit dem linken Bein nach vorn links und eine Streckung im rechten Fußgelenk.

Diese Technik kann auch im Paßgang ausgeführt werden – allerdings sind dabei Auftakt und Schlagausführung etwas langsamer.

■ **Auffangen mit Handinnenfläche oder Handrücken bei gleichzeitiger Schulterdrehung**

Linker Aufwärtshaken

Aus der normalen Boxstellung heraus wird die linke Hand fallengelassen, bis zwischen Ober- und Unterarm ein rechter Winkel erreicht ist. Dann erfolgt eine Drehung der linken Beckenseite, Schulter nach vorn. Zur gleichen Zeit wird der linke Arm nach oben gerissen. Durch die Streckung im rechten Fußgelenk wird die nach vorn rechts gehende Bewegung des linken Beines unterstützt. Der Winkel zwischen Ober- und Unterarm wird bestimmt durch die beabsichtigte Treffergegend.

■ Blocken mit dem Ellbogen bei gleichzeitigem Schritt nach vorn außen

Abwehr von Körperhaken

Körperhaken werden durch Ellenbogenblocks am Körper aufgefangen. Günstiger ist es, den Haken bereits vorher abzuwenden. Dazu dient ein Stoß mit der Führungs- oder der Schlaghand gegen die Schulter.

Schlaghärte

Immer wieder sehen wir Boxkämpfe, bei denen über drei Runden gekämpft wird, obwohl an Kopf und Körper klare Treffer gelandet werden konnten. Manch anderer Kampf hingegen ist nach wenigen Sekunden zu Ende, da ein Schlag Kinn, Magen oder Leber getroffen hat. Die Wirkung eines Schlages ist immer abhängig von der Genauigkeit und der Kraft, die in diesem Stoß steckt. Dabei spielen viele individuelle Faktoren eine Rolle: So ist es beim einen die rechte Gerade, beim anderen der linke Haken zum Kopf, der im sportlichen Kampf die größte Wirkung erzielt.

Dennoch spielen auch physikalische Größen eine entscheidende Rolle. So gilt die Grundformel

Kraft = Masse x Beschleunigung

auch für die Schlagkraft im Boxsport.

Da das Boxen in Gewichtsklassen erfolgt, gehen wir davon aus, daß eine kleine Muskelmasse auch nur einen kleineren Kraftimpuls erzeugen kann. So wird bei Klasseathleten im Halbfliegengewicht (bis 48 kg) mit einer Schlagkraft von 210 kg und im Halbschwergewicht (bis 81 kg) von 650 kg gerechnet. Gut trainierte Sportler erreichen 4 kg Schlagkraft je kg Körpergewicht. Anfänger bringen es etwa auf 50 Prozent dieser Leistungen. Die rechte Schlaghand erreicht eine um 50 bis 60 Prozent größere Kraft als die linke Führungshand. Doch Linkshänder erreichen in der Regel eine relativ größere Schlagkraft als Rechtshänder. Schlagkraft und Schlagschnelligkeit bedingen sich gegenseitig. Die Schlaggenauigkeit ist jedoch bei 60 bis 70 Prozent des Krafteinsatzes am besten ausgeprägt. Ein kurzes scharfes Ausatmen ist günstig für die Bewegungsgeschwindigkeit.

Doch viele Faktoren haben Einfluß – sie sind im Komplex der körperlichen Vorbereitung (Training), des richtigen Einsatzes der Masse des Sportlers (Technik) und der Schnelligkeit des Stoßes zu finden. Deshalb ist Boxtraining auch immer verbunden mit der körperlichen Entwicklung, der Ausprägung der Schnellkraft. Das setzt Training zur Verbesserung der Muskelkraft voraus.

Die technische Ausbildung im Boxsport geht davon aus, daß ein Boxstoß den Einsatz des gesamten Körpers erfordert. Dabei werden – zeitlich genau abgestimmt – Beinabdruck, Hüfteinsatz, Schulterdrehung und Armstreckung zum Einsatz kommen.

Stoß der Führungshand

Beim Stoß der Führungshand (hier die linke Gerade) laufen gleichzeitig folgende Bewegungen ab:
- Der linke Boxstoß beginnt mit der Armstreckung.
- Vergrößert wird die Schnelligkeit der Armstreckung, indem man gleichzeitig die linke Schulter nach vorn bringt, bis sie das Kinn berührt: Dadurch wird erreicht, daß der Körperschwerpunkt leicht nach rechts verlagert wird – somit kann das Gewicht voll hinter dem Stoß liegen. Das schnelle Vorbringen der Schulter hängt ab von der Dehnfähigkeit und der Kraft der inneren und äußeren schrägen Bauchmuskulatur.
- Die linke Hüfte wird ruckartig nach vorn gebracht.
- Der Impuls für die Gesamtbewegung kommt aus dem rechten Fußgelenk, das sich streckt, bis nur noch der rechte Zehenballen den Bodendruck aufnimmt.
- Diese Bewegung wird – nachdem zuerst im Stand geübt wurde – durch einen etwa 10 cm langen Schritt des linken Beins nach vorn unterstützt. Ist dieser Schritt länger, wird die Gesamtbewegung langsamer und damit weniger druckvoll.

Kraftstoß mit der rechten Schlaghand

Der Impuls für den Stoß kommt durch eine Streckbewegung aus dem rechten Fuß. Manche strecken auch den Fuß und drehen die Ferse nach außen: eine gute Kontrolle für den Trainer. So setzt der rechte Fuß nur noch mit den Zehenballen auf. Gleichzeitig werden die rechte Hüfte und die rechte Schulter nach vorn gebracht – bis an eine gedachte Mittelachse heran –, und der Arm wird gestreckt. Liegt der Ellbogen neben dem Körper und nicht am Körper an (keinen Spielraum zulassen), wird der Weg länger, und der Kraftstoß ist nicht optimal.
Der Kopf darf im Augenblick des Stoßes der rechten Hand nicht nach links vorn ausweichen, und auch die rechte Hand darf keinen Winkel – wie in einigen asiatischen Sportarten praktiziert – zwischen Handgelenk und Unterarm aufweisen.
Die Schnelligkeit des ausgeführten Stoßes ist Grundlage der Schlaghärte.
Diese Aussage ist richtig, solange der Körperschwerpunkt nicht vom Schlag weg verlagert wird: Der Körper mit seinem Druck muß immer hinter dem Stoß liegen.

Stöße zum Körper

Bei vielen Boxern ist der Körper direkt über der Gürtellinie nicht gedeckt, da manchmal die Ellbogen zu weit auseinander oder vom Körper entfernt sind, wodurch ein deckungsfreier Raum entsteht: Diesen zu treffen ist das Ziel der Stöße zum Körper. Die Stöße können mit der Führungs- oder der Schlaghand ausgeführt werden.

■ **Stoß zum Körper mit der Führungshand**

Für die Ausbildung ist besonders wichtig, mit Einzelstößen zu beginnen und das Gewicht dabei ruckartig (fallartig) zu verlagern. Mit dem Stoß der Führungshand muß unbedingt der vordere linke Fuß nach vorn rechts gesetzt werden, um das Gleichgewicht zu halten. Beim Stoß mit der Schlaghand wird der vordere Fuß nach vorn links gesetzt. Die Schulung dieser Stöße erfolgt als Schlagverbindung, wobei der zweite Stoß immer einen langen Weg hat und dadurch über einen großen Kraftimpuls verfügt. Dies sollte vorrangig in der Partnerarbeit gelehrt und geübt werden, da sonst die Einsicht in die erforderliche Verbindung von Schritt und Stoß fehlt.
Die Verbindung dieser Stöße bietet sich besonders als Schlagkombination an, da immer wieder der Kopf aus der Reichweite der gegnerischen Aktionen genommen wird. Eine solche Aktion könnte in der Kombination »Kopf – Körper – Kopf – Körper – Kopf« ablaufen.
Bei Serienstößen ist darauf zu achten, daß nicht versucht wird, alle Stöße mit gleicher Kraft auszuführen. Die Stöße sollten schnell erfolgen. Nur ein einziger Stoß sollte den Kraftimpuls erhalten, der durch die Verlagerung des Körpergewichts in den Schlag entsteht.

Die Verteidigungstechniken sind beim Boxen genauso wichtig wie die Angriffselemente, denn sie verhindern Treffer. Auf der anderen Seite sind Verteidigungstechniken immer eine verdeckte Ausholbewegung, ein Vordehnen des Körpers für einen möglichen nachfolgenden Stoß. Deshalb empfiehlt es sich, Verteidigung und Stoß als Einheit zu vermitteln.

Beispiele
- Abwehr der Führungshand mit einer Parade rechts nach innen und sofortigem Stoß der Führungshand;
- Abwehr der Führungshand mit einer Parade der Führungshand nach außen, und Drehen des gesamten Oberkörpers nach links mit einem Stoß der Schlaghand. Die Führungshand muß dabei das Gesicht gegen einen Stoß der Schlaghand decken, sie kann aber auch passiv in Richtung Schlaghand des Gegners gehen.
- Abwehr der Führungshand mit einem Block der Schlaghand und Stoß der Führungshand, im gleichen Augenblick wird mitgeschlagen oder verzögert gestoßen, wenn die Hand des Gegners sich bereits auf dem Rückweg befindet.

■ **Führungshand zum Körper mit Abwehr durch Ellbogenblock links**

■ Stoß der Schlaghand mit Ellbogenblock rechts und der Möglichkeit eines linken Stoßes

■ Ablenken des Stoßes mit Ellbogen/Unterarm durch Drehung des Oberkörpers zur Seite

Meiden

Meiden könnte man auch »Vermeiden von Stößen« nennen. Das Vermeiden eines Stoßes setzt allerdings voraus, daß der Stoß gesehen oder vermutet wird. Erst wenn ein Boxer in der Lage ist, Stöße abzuwehren, sollte mit dem Meiden begonnen werden. Meidbewegungen müssen sehr schnell ausgeführt werden, weil sie in der Zeit des Stoßes ablaufen. Je nach Bewegungsrichtung lassen sich die Meidbewegungen in drei Gruppen einteilen:
– Bewegungen nach hinten,
– Bewegungen zur Seite und
– Bewegungen auf den Gegner zu.

Normalerweise sucht der Mensch einen Stoß zu vermeiden, indem er zurückgeht. Der Schritt oder der Sprung nach hinten sind die Bewegungen, die bereits in den ersten Stunden *bewußt* angewandt werden sollten.

Das Meiden nach hinten ist ein Zurücknehmen des Oberkörpers. Diese Position ist sehr labil und eignet sich nicht gut für Folgeaktionen: Deshalb empfiehlt es sich, mit dem Zurückneigen des Oberkörpers auch den hinteren Fuß etwa 10 cm nach hinten zu setzen. Es entsteht so eine Pendelbewegung nach hinten – oder, durch die Körperspannung, eine verdeckte Ausholbewegung. Sie läßt sich noch verstärken, wenn die linke oder die rechte Schulter bei dieser Bewegung mit nach hinten genommen wird. Während der gesamten Aktion ist stets die Hand des Gegners zu beobachten.

Das Meiden zur Seite erfolgt, indem der Oberkörper nach vorn

■ **Pendeln nach vorn links**

rechts oder vorn links geneigt wird. Dabei ist es notwendig, auch die Füße entsprechend zu setzen, um für nachfolgende Stöße eine optimale Ausgangsposition zu schaffen.

Wird der Oberkörper nach vorn links geneigt, um dem Stoß auszuweichen, kann die schlagende Hand noch das Ohr streifen. Gleichzeitig wird der linke Fuß um etwa 10 cm nach vorn links gesetzt und die rechte Schulter bis an das Kinn herangezogen: Das schafft eine optimale Vordehnung für den linken Stoß – als Gerade oder als Haken.

Wird der Oberkörper nach vorn rechts geneigt, so wird der rechte Fuß etwa 10 cm nach vorn rechts gesetzt und das Gewicht auf diesen Fuß verlagert: Das schafft eine optimale Vordehnung für einen Stoß mit der Schlaghand.

Wird der Oberkörper nicht nach rechts oder links, sondern nur nach unten bewegt, wobei gleichzeitig die Knie einknicken und zusammengedrückt werden (wie beim Stoß zum Kopf) und ein leichter Rundrücken entsteht, so sprechen wir vom Abducken.

Abducken ist eine Technik, die wir heute nur noch recht selten sehen, da es nur wenige Boxer gibt, die in ihrer Gewichtsklasse dafür klein genug sind. Auch hier gilt wieder, daß durch gleichzeitiges Zurücknehmen der linken oder der rechten Schulter eine optimale, verdeckte Ausholbewegung eingeleitet wird, die durch ruckartige Streckung der Beine zusätzliche Explosivkraft erhält.

Das Vermeiden von Stößen durch eine Bewegung nach vorn rechts oder vorn links ist eine Aktion, die der stoßenden Hand entgegengeht; gleichzeitig wird das Gewicht verlagert und ein Schritt nach vorn ausgeführt. Diese Aktion verändert die Entfernung der beiden

■ Abducken

Kämpfer zueinander. Sie kann damit der Vorbereitung einer anderen Kampfdistanz ebenso dienen wie – bedingt durch die günstige Vorspannung des ganzen Körpers – der Einleitung eines Stoßes mit voller Körperspannung.

Sidestep

In allen Boxbüchern findet man eine effektive Technik, die in der Praxis jedoch sehr selten zu beobachten ist – die Technik, durch einen *Sidestep*, einen Schritt zur Seite, den Gegner ins Leere laufen zu lassen. Das hört sich gut an, ist aber nur schwer zu realisieren.
Wenn der Gegner angreift, wird der linke Fuß fast bis an den rechten herangezogen. Der Oberkörper wird – meist nur für kurze Zeit – aus der Reichweite des Gegners gebracht, was eine sehr labile Stellung ergibt. Der rechte Fuß wird nach vorn rechts gesetzt und die linke Schulter über den Fuß gebracht. Mit einer Drehung des Oberkörpers zum Gegner hin wird der linke Fuß herangezogen: Damit steht man neben dem Gegner und kann ihn mit der Schlaghand, die eine gute Vordehnung hat, gut erreichen.

Finten

Für die Taktikausbildung eines Boxanfängers ist es wichtig, Standardsituationen zu schaffen und diese ständig zu erweitern. Bereits bei Partnerübungen lernt der Boxer, daß Einzelstöße selten Treffer bringen.
Deshalb müssen Aktionen gestartet, herausgearbeitet, in das Training eingeplant und dann geübt werden, die *nicht voraussehbar und berechenbar* sind. Dazu gehört zum Beispiel das Andeuten eines Stoßes, der gar nicht ausgeführt wird, aber den Gegner veranlaßt, eine Abwehrbewegung einzuleiten. Derartige Aktionen nennt man *Finten*.

Beispiel
Die Führungshand wird als Schlag angedeutet, die Schulter nach vorn gebracht und der Arm nur zur Hälfte gestreckt. Das ist ein idealer Auftakt für die dann folgende rechte Gerade, deren Drehimpuls durch das ruckartige Zurückziehen der linken Hand verstärkt wird.
Weitere Beispiele:
- Antäuschen von Stößen der Führungshand zum Kopf und Stoß der Schlaghand zum Körper;
- Antäuschen von Stößen der Führungshand zum Körper und Stoß der Schlaghand zum Kopf;

Zeit des Stoßes der Hand →

Zeit für Erfassung der Handlung durch den Gegner →

Zeitraum für eigene Reaktionsplanung →

Aktionszeit für eigene Handlungen →

– Antäuschen eines Stoßes der Schlaghand zum Kopf und Stoß der Führungshand zum Kopf mit Schritt nach vorn.

Erst nachdem die geraden Stöße zumindest in ihrer Grobform bekannt und verwendbar sind, sollte mit anderen Techniken begonnen werden. Wir sollten dabei nicht vergessen, daß die Zeit, die für eine Boxaktion zur Verfügung steht, nur begrenzt ist: Je mehr ein Sportler kann, desto schneller sind seine Aktionen und desto weniger Zeit hat der sportliche Gegner, sich auf diese Aktionen einzustellen.

Die Gesamtzeit für eine linke Gerade ist kürzer als eine Sekunde! Daraus ergibt sich eine derart kurze Reaktionszeit, daß man versteht, warum Mitdenken, Vorausdenken und Voraushandeln eine Grundvoraussetzung für das Boxen ist.

Es ist stets derjenige im Vorteil, der mit einer Aktion beginnt. Deshalb werden auch zuerst die geraden Stöße gelehrt, bei denen die Hand länger unterwegs ist. Stöße in der Halbdistanz und im Nahkampf werden erst später gelehrt, da für ihre Erfassung und Abwehr viel weniger Zeit zur Verfügung steht.

■ **Zeitlicher Ablauf von Schlag und Reaktion**

Sportliches Training

Das sportliche Training dient der Befähigung zu hohen sportlichen Leistungen. Es gibt unterschiedliche Arten des Trainings: Sie werden von der Zielsetzung bestimmt. Wir unterscheiden zwischen Grundlagen-, Aufbau- und Hochleistungstraining. Unterscheiden sich die Trainingsinhalte der Freizeitsportler kaum voneinander, so hängt im Leistungssport der Inhalt des Trainings von den sportlichen Höhepunkten ab. In der Vorbereitungsphase werden grundlegende physische Fähigkeiten trainiert – vor allem Kraft und Ausdauer. In der Übergangsperiode steht die Entwicklung spezieller Fähigkeiten und grundlegender Techniken im Vordergrund. In dieser Phase werden die Ausbildung spezieller Techniken, die unmittelbare Vorbereitung

auf den jeweiligen Gegner beziehungsweise auf die Turniere und der Erhalt spezieller Ausdauer- und Schnelligkeitselemente angestrebt. Treten mehrere Höhepunkte in einen Jahr auf, können die einzelnen Trainingsetappen miteinander verbunden werden.
Wenden wir uns nun dem allgemeinen Training der Boxabteilungen zu.

Grundschema für das Boxtraining

- Durch allgemeine Übungen wird der Kreislauf angeregt und die Muskulatur erwärmt, um sie auf hohe Anforderungen vorzubereiten. Die Dauer dieser allgemeinen Vorbereitung liegt bei 20 bis 30 Minuten.
- Die Schnellkraft-Übungen des Boxens werden nur durchgeführt, wenn die Muskulatur locker ist. Deshalb ist »Lockerungstraining« die Voraussetzung für nachfolgende schnelle Aktionen – das können Entspannungsübungen, aber auch Formen des Schattenboxens sein.
- Es folgt die Trainingsphase mit Boxhandschuh und Übungspartner. Dabei sollten alle Beteiligten noch frisch – und nicht abgespannt – sein, da dies die eigentliche Lernphase ist. Jeder muß begreifen, daß Lernen in Zweikampf-Sportarten nur möglich ist mit einem Partner, der eine Aktion simuliert, auf die man eine kampfgerechte Lösung finden muß. Kommt es bei diesen Aktionen allerdings zu Härte, können beide – wegen zusätzlicher Muskelanspannungen – nicht optimal lernen.
- Die am und mit dem Partner geübten Techniken können dann an Geräten weitergeübt werden. Schwerpunkte dabei können sein: unterschiedlicher Krafteinsatz, der Übergang von einer Technik zur anderen, die Koordination von Arm-, Bein- und Körperhaltung, das Spiel der Beine beim Stoß, oder ein bestimmter Rhythmus des Schlagens, Gehens oder Pendelns.
- Der letzte Teil einer Trainingsstunde dient der Stärkung der Kondition: In der Regel ist das die Förderung der Schnellkraft.

Im Boxtraining kommt es darauf an:
- **Technik und Taktik des sportlichen Zweikampfes zu erlernen,**
- **die allgemeine und spezielle körperliche Leistungsfähigkeit zu verbessern und**
- **ein spezifisches boxerisches Zweikampfverhalten herauszubilden.**

Taktik

Die nun folgenden Ausführungen gelten für Rechtshänder, die die linke Hand vor der rechten halten; wir sprechen hier von einer Links- oder Normalauslage.
Für Linkshänder gilt eine andere Taktik, die teilweise auch anders aufgebaut ist.

Die Ausbildung in Taktik erfolgt schrittweise – zusammen mit der Ausbildung in Technik. Bereits bei der Ausbildung des Stoßes der Führungshand, die in Partnerausbildung erfolgen sollte, lernen beide:

- Der Schlag erfolgt im Stand. Erst langsam, dann schneller, wenn möglich mit optischem und akustischem Signal, um Anfänger auf den Schlag vorzubereiten und ihm eine gleichzeitige Verteidigung (Parade) zu ermöglichen. Die Schlaghand geht so einen langen Weg und ist vom Verteidigenden gut zu beobachten. Ziel des Stoßes soll im Training von Anfang an stets die Stirn sein, um Gesichtsverletzungen – selbst leichtester Art – auszuschließen. Zudem wird so der Lerneffekt vergrößert.
- Der Anfänger setzt mit Beginn des Stoßes der Führungshand gleichzeitig den linken Fuß nach vorn. Dieser Fuß muß, bevor der Stoß der Führungshand auftrifft, fest stehen; daher darf der Schritt nur kurz sein: etwa eine halbe Fußlänge. Diese Bewegung wird unterstützt durch Abdruck des hinteren Beins mit kurzer Streckung im Fußgelenk. Ein schneller Boxer steht im Augenblick des Schlagauftreffens mit beiden Beinen auf den Zehenballen. Durch einen ganz leichten Abdruck des vorderen Zehenballens kann er sich nach dem Treffer sofort wieder in die Ausgangsstellung zurückziehen.
- Die gleiche Bewegung läßt sich auch mit der Schlaghand vollziehen – nur erfolgt die Parade des Verteidigenden jetzt mit der Führungshand.
- Die Bewegungen werden als Seitschritt – nach links und nach rechts – geübt. Auch hier sind es Nachstellschritte, die ausgeführt werden. Dabei wird der Fuß zuerst gesetzt, der der Bewegungsrichtung am nächsten steht.

Auch das Zurückgehen mit gleichzeitigem Stoß der Führungs- oder Schlaghand muß geübt werden. Dabei ist es der hintere Fuß, der die kleine Bewegung – eine halbe Fußlänge nach hinten – bei Schlagbeginn ausführt.
Werden diese Techniken am Gerät geübt, bleiben Anfänger meist

nach den Stößen stehen und setzen die Füße nicht mehr zurück: Besonders die Folge von Stoß und Zurückgehen bedarf der Trainerkontrolle.

Doppelstöße, Doppelschritte und Kombinationen

Der nächste Schritt der Ausbildung wird von Doppelstößen, Doppelschritten und Kombinationen von Führungs- und Schlaghand geprägt.
Der **Doppelstoß** mit der Führungshand erfolgt, indem zwei Stöße mit der Führungshand hintereinander ausgeführt werden. Dabei muß die Führungshand nicht bis zur Ausgangsstellung zurückgeführt werden, sondern kann auf der Hälfte des Rückweges wieder nach vorn gestoßen werden. Um die Kraft des Stoßes zu erhöhen, muß aber die linke Schulter nach vorn gebracht werden, bis sie das Kinn berührt.
Der Einsatz dieses Stoßes *aus taktischer Sicht*:
Es erfolgen zwei schnelle Stöße hintereinander, die nicht leicht abzuwehren sind, besonders dann, wenn die Hand bei der Parade leicht nach unten genommen wird.
Der erste Stoß kann gegen die Führungshand des Übungspartners gerichtet sein (und blockt diese in der Ausgangsstellung), die folgende trifft dann den Gegner.
Der erste Stoß kann zur Handschuh-Außenkante des Partners gehen – so kann er im selben Moment keinen gradlinigen Stoß ausführen. Der zweite Stoß kann dann den Partner treffen.
Zielt der erste Stoß auf den Unterarm der Führungshand des Partners, so ist ihm kein gleichzeitiger gerader Stoß möglich. Erfolgt der zweite Stoß dann gegen die Handschuh-Außenseite, ist seine Führungshand völlig geblockt.
Der Stoß der Führungshand kann mit unterschiedlichem Kraftpotential geführt werden und so unterschiedliche Wirkungen hervorrufen:
– Erfolgt der erste Stoß mit Kraft, dient der folgende mehr der Absicherung.
– Erfolgt der erste Stoß leicht und ohne Kraft (nur halb als Schlag ausgeführt), dient er als Finte und soll den zweiten Stoß vorbereiten.

Werden mehr als zwei Stöße mit der Führungshand hintereinander ausgeführt, so ist das rechte Bein immer um die gleiche Distanz mit nach vorn zu ziehen, die das linke Bein vorgeht. Die Beinstellung bleibt bei geraden Stößen zum Kopf in der Regel schulterbreit; sie sind in Richtung Boxpartner nicht mehr als 20 cm voneinander entfernt.

Wenn linker Arm und linker Fuß zur gleichen Zeit nach vorn gehen, sprechen wir vom *Paßgang*.

Die freie Bewegung des Gegners in einem begrenzten Ring verlangt aber auch andere Reaktionen. Bewegt sich der Gegner innerhalb der eigenen Reichweite nach rechts, so ist er mit einem Schritt des rechten (hinteren) Beines nach vorn und einem gleichzeitigen Stoß der linken Führungshand schnell zu treffen. Hier hat der Sportler einen *Diagonalschritt* ausgeführt, der mit einer Gewichtsverlagerung auf den rechten Fuß verbunden ist.

Bereits in dieser Anfangsausbildung lernen die Boxer, daß *der Schlaghand des Partners immer auszuweichen* ist. Sie gehen immer nach rechts um den Partner herum. Das darf aber nicht dazu führen, daß sich beide Partner umkreisen und nicht mehr richtig auf die Entfernung zueinander achten.

Der Stoß mit der *Schlaghand* wird in der Bewegung – im Diagonalschritt und im Paßgang – geübt. Werden sowohl die Führungs- als auch die Schlaghand hintereinander geschlagen und erfolgt die Fortbewegung immer mit dem linken Fuß zuerst, so sprechen wir von einem *Wechselschritt*: Erst Paßgang beim Stoß der Führungshand, dann Diagonalschritt beim Stoß der Schlaghand. Diese Bewegung ermöglicht optimalen Einsatz der geraden Stöße und schnelle Bewegung bei optimalem Krafteinsatz.

Die *Schlagkombinationen*, die Verbindung gerader Stöße von Führungs- und Schlaghand und deren Einsatz mit unterschiedlichen Kraftpotentialen sowie mit unterschiedlichen Beinbewegungen sind Grundlage der Anfängerausbildung.

Welche Kombinationen bieten sich an, und was könnte damit erreicht werden?

– Die Kombination von *Führungshand – Schlaghand* dient dem Ziel der Technikausbildung und der effektiven Schlaggestaltung. Eine lange Führungshand mit Vorbringen der linken Schulter erreicht auch eine optimale Vordehnung der rechten Seite und ermöglicht einen explosiven Stoß der rechten Hand.

– Die Kombination *Schlaghand – Führungshand* ist mehr ein taktisches Mittel der Anfängerausbildung. Sie ermöglicht es, durch den Stoß der Schlaghand die Führungshand des Partners zu binden und mit der eigenen Führungshand dann einen Treffer zu landen. Dabei dient der Stoß der Schlaghand der Vordehnung der ganzen linken Körperseite, um eine optimale linke Gerade stoßen zu können.

– Die Kombination *Führungshand – Führungshand – Schlaghand* ermöglicht eine optimale Vorbereitung der Schlaghand, indem die Verteidigung des Gegners voll gebunden wird, durch den Dop-

pelschritt nach vorn der Gegner zum Ortswechsel oder zur Veränderung seiner Oberkörperposition gezwungen wird und die Vordehnung für die Schlaghand optimal genutzt werden kann.
- Bei der Kombination *Führungshand – Schlaghand – Führungshand* erfolgt bei den ersten beiden Stößen eine Bewegung nach vorn und mit dem letzten Stoß eine Bewegung zurück: Diese Bewegung charakterisiert eigentlich das Boxen – sie ist Vorbereitungsaktion, landet einen Treffer und schließt mit gedecktem Rückzug ab.

Aus unterschiedlicher taktischer Sicht lassen sich Kombinationen variieren, beispielsweise *Schlaghand – Führungshand – Schlaghand* (im Boxkampf gegen einen Rechtsausleger), um erst mit dem dritten Stoß Wirkung zu erzielen und den Übergang zum Halbdistanz- oder Nahkampf einzuleiten.

Erfolgen fünf Stöße hintereinander, beginnend mit der Führungs- oder der Schlaghand, dann soll die erste und die letzte Hand der Vorbereitung und Absicherung dienen, alle anderen Stöße sollen den Gegner treffen. Eine solche Serie dient der Vorbereitung anderer Kampfführungen.

Verhalten im Boxring

Wird der Boxsportler durch einen Boxring in seinen Bewegungen begrenzt, beginnt die eigentliche Ausbildung von Verhaltensmustern, die sich in der technisch-taktischen Ausbildung widerspiegeln. Die ungewohnte Situation erfordert nunmehr – neben der Beobachtung der Aktionen des Gegners – zusätzlich eine räumliche Orientierung.

Der Boxanfänger muß lernen, den Übungspartner durch Boxaktionen aus dem Ringmittelpunkt zu verdrängen. Das kann erfolgen durch:
– ständige Aktivität der Führungshand,
– Schlag-Kombinationen, die schnell aufeinanderfolgen, oder
– Ausweichen und sofortiges Zurückgehen auf die vorher verlassene Position.

Das erfordert:
– Einhalten vorgegebener Techniken,
– ständiges Suchen des Kampfes sowie
– die Beachtung des eigenen Standortes im Boxring.

Das wiederum ist nur möglich, wenn die sportlichen Belange – gegenüber den emotionalen Regungen von Treffen und Getroffenwerden – überwiegen: Hier beginnt das sportliche Boxen.

Im Boxring wird zuerst gelernt, den Gegner aus der Ringmitte zu »drängen«. Der aktive Kämpfer hat dann den Rücken frei und ist in der Lage, sofort zurückzugehen.

Das erfordert:
- Einhalten der vorgegebenen taktischen Aufgabe,
- Konzentration auf diese Aufgabe unter Vernachlässigung von Techniken sowie
- bewußtes Anwenden von Grundstößen und flexibler Beinarbeit.

Das ermöglicht:
- den Gegner mit einem weiteren Schritt am Seil zu stellen, so daß er nur noch nach rechts oder links ausweichen kann, da er mit dem Rücken am Seil steht; so wird er gezwungen, in die Richtung auszuweichen, die für die Entfaltung der eigenen Aktivität am günstigsten ist;
- den Gegner in eine Ecke zu drängen, wo er keinen Spielraum für Ausweichbewegungen hat;
- den Gegner dort so lange mit der Führungshand zu »beschäftigen«, bis eine Deckungslücke sichtbar wird.

Wird die offensive Taktik, den Kreis »offen« zu halten, in Grobform beherrscht, sollte weiterführend geübt werden, sich nicht an die Ringseile drängen zu lassen. Um von den Ringseilen weg- oder aus der Ringecke herauszukommen sind mehrere taktische Maßnahmen möglich:
Sobald der Gegner zum Stoß ansetzt, wird ein eigener Stoß begonnen, der immer mit einer schnellen Bewegung nach vorn verbunden ist. Es wird ein Angriff angetäuscht und gleichzeitig versucht, nach rechts oder links zur Ringmitte zu kommen.
Nach einem Sidestep oder mit einer Verteidigungstechnik, die eine Faust des Angreifers bindet, sollte versucht werden, auf dieser Seite zur Ringmitte zu kommen.
Die Befreiung aus der Ringecke kann auch mit einem kraftvollen Schlag erfolgen, der auf die Deckung des Gegners gerichtet ist und für den Bruchteil einer Sekunde alle weiteren Aktionen unterbindet: In dieser Zeit muß die Ringecke bereits verlassen sein. Die Aktion könnte wie folgt aussehen: Pendeln mit dem Oberkörper nach vorn links – nach vorn rechts – Stoß mit der Schlaghand – Schritte nach vorn rechts – linke Gerade zur Absicherung.

Verhalten bei Kommandos des Ringrichters

Mit dem Kommando »*box*« beginnt der Boxkampf; nach einer Unterbrechung ist das die Aufforderung, weiterzukämpfen. Besonders Anfänger sollten sofort mit einer überraschenden Aktion beginnen,

■ **Verhalten im Boxring: Der Gegner ist aus der Ringmitte gedrängt. Der Rückweg wird ihm verstellt; die eigene Bewegungsfreiheit ist optimal**

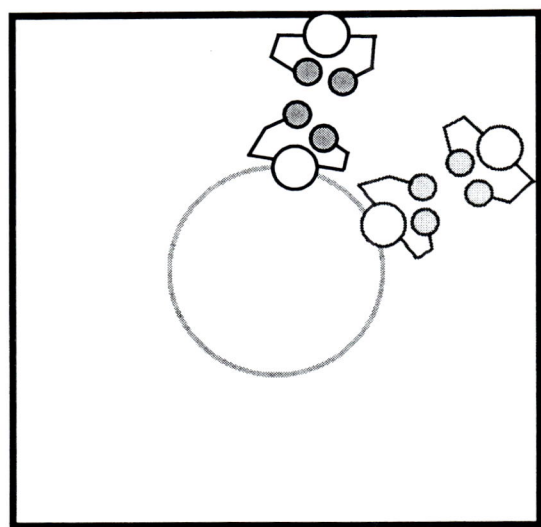

um den Gegner zu beeindrucken. Diese Aktion ist in der Wettkampfvorbereitung zu üben.

Mit dem Kommando »stop« unterbricht der Ringrichter den Wettkampf. Diese Zeit nutzt der Wettkämpfer, um seinen Platz im Ring zu verbessern, d.h. sich nach Möglichkeit in die Ringmitte zu begeben. Das Kommando »break« verlangt von jedem Aktiven, die Kampfhandlung zu unterbrechen und einen Schritt zurückzugehen. Ohne besonderes Kommando geht der Kampf dann weiter. Jetzt darf nicht gezögert werden, den Kampf sofort wiederaufzunehmen. Jedoch sollte kein gerader Angriff, sondern ein Angriff über die Führungs- oder Schlaghandseite erfolgen.

Beispiel: Auf das Kommando »break« erfolgt Schritt zurück – kleiner Schritt nach rechts mit Gewichtsverlagerung auf den rechten Fuß – der linke Fuß wird in Richtung Gegner gesetzt mit gleichzeitigem Stoß der Führungshand.

Wird man bei einem Wettkampf oder einem Übungskampf angezählt, zeigt man erst bei »8« Kampfbereitschaft und nimmt die Boxausgangsstellung wieder ein. In dieser Zeit sollte die Ringmitte erreicht werden.

Im Trainingskampf muß der Sportler dann gefragt werden, wie er getroffen wurde und durch welchen Stoß: Nur so ist es möglich, ihn zum Nachdenken über eigene Fehler anzuregen. Gleichzeitig werden das Aufkommen von Emotionen (wie: »Jetzt werde ich es allen zeigen!«), eine damit verbundene Muskelanspannung und als Folge ein »Langsamerwerden« verhindert.

War der Treffer ein Wirkungsschlag, darf sich der Sportler das nicht anmerken lassen, da der Gegner das sofort registriert. Auf jeden Fall versucht der soeben Getroffene nun in den nächsten 10 bis 20 Sekunden, durch Manöver und schnelle Bewegung die Übersicht über den Kampfverlauf wiederzugewinnen. Auf keinem Fall sollte jetzt ein Schlagabtausch angenommen werden.

Da der Ringrichter im Augenblick des Wirkungstreffers den Sportlern stets am nächsten steht, kann er – besser als alle anderen – an den Reaktionen von Körper und Augen abschätzen, ob der Kampf weitergehen darf. Nicht immer fühlt sich der getroffene Sportler dann schon k.o.

Der Sportler muß schon im Training lernen, die Entscheidungen des Ringrichters zu akzeptieren, ohne zu protestieren. Das verlangt, daß er sich den Regeln des Boxsports fügt, es ist ein Erziehungsprinzip und hat Auswirkungen auf sein Auftreten als Sportler insgesamt.

Verhalten beim Kampf gegen Rechtsausleger (Linkshänder)

Ein Rechtsausleger sollte ständig »beschäftigt« werden, indem die Führungshand auf Körper und Kopf zielt.

Die Schlaghand bleibt zunächst noch in Ausgangslage und deckt Körper und Kinn.

Ausweichbewegungen erfolgen nach vorn links, um der Schlaghand kein einfaches Ziel zu bieten. Die eigene Schlaghand sollte möglichst viel eingesetzt werden und der Schlaghand des Gegners zuvorkommen.

Verhalten beim Kampf gegen »Riesen« oder »Zwerge«

Boxer unterschiedlicher Körpergröße sind in derselben Gewichtsklasse nicht die Regel. Meist sind es größere Boxer mit einer guten Reichweite und »schnellen Beinen«. Wie sollte gegen sie geboxt werden?

Größere Boxer sind ständig mit der Führungs- und der Schlaghand zu beschäftigen: So können sie keinen schnellen Angriff ausführen. Der so aufgebaute Druck soll sie in die Ringecke beziehungsweise an die Seile drängen. Durch schnelle Schlagserien (leichte, lockere Schläge) arbeitet man sich an die richtige Distanz heran. Erst jetzt wird versucht, gezielte und harte Treffer anzubringen. Es folgen leichte Stöße zur Absicherung. Dann erfolgt ein neuer Serienangriff.

Kleinere Boxer sind durch die Führungshand »an der Leine« zu führen. Durch die Führungshand wird ständig Kontakt zu den Fäusten des kleineren Gegners gehalten. Erst wenn er Pendelbewegungen ausführt oder beide Beine auf gleicher Höhe hat, wird die Schlaghand eingesetzt. Diese sollte immer auf das Schlüsselbein zielen, da der Kopf bei schnellen Bewegungen nach links und rechts nur schwer zu treffen ist.

Beim Ausweichen bewegt man sich immer seitlich, meist zur Führungshand hin. Kleinere Boxer sollte man nie direkt von vorn, sondern nur seitlich von vorn angreifen.

Beispiel: Eigene Führungshand gegen Führungshand des kleineren Gegners mit Schritt rechts und Stoß rechts – Nachziehen des linken Beins.

Kampf in der Halbdistanz

Je größer ein Boxer ist, desto länger sind seine Arme, und desto größer ist seine Reichweite. Das gilt aber nicht für alle Boxer: Viele, die kleiner und untersetzter sind, boxen in der Halbdistanz.

Wir verstehen darunter Stöße, die nicht mit voller Streckung des Armes verbunden sind. Die Stöße können deshalb schneller ausgeführt werden. Da die Arme nicht voll gestreckt werden, ist der Kraftverbrauch geringer. Die Stöße sind von Anfängern leichter zu erlernen. Doch die Gesamttechnik ist schwieriger. Wir müssen mit Stößen in der Halbdistanz näher an den Gegner herangehen: Das ist aber nur unter bestimmten, vorher geplanten und trainierten Bedingungen möglich.

Wir unterteilen deshalb die Ausbildung in der Halbdistanz in mehrere Bereiche:
- Erlernen der Stöße;
- Schaffen und Nutzen der Möglichkeiten, näher an den Gegner heranzukommen;
- Lösen vom Gegner, um nicht getroffen zu werden.

In der Halbdistanz sorgt die Boxhaltung dafür, daß beide Hände einen gleich langen Weg zum Ziel haben. Der Oberkörper ist somit fast frontal auf den Gegner ausgerichtet, das Kinn ist an die Brust gezogen, und die Arme liegen eng am Körper an. Je nach Technik ist die Beinarbeit unterschiedlich. Am verbreitetsten sind Diagonal- oder Paßgang in Verbindungen mit Stößen. Wer aber vor allem das Körpergewicht einsetzen will, kommt mit dem Wechselschritt besser zum Ziel.

Zur Lehrweise (für Trainer)

Die Stöße werden als Serie von fünf, sieben und mehr Stößen geübt. Der erste Stoß dient der Vorbereitung (Binden der Deckung, als Finte beispielsweise), dann folgen die beabsichtigten Treffer, und der

letzte Stoß dient der Absicherung, um wieder außerhalb der gegnerischen Reichweite zu gelangen.
Die Stöße erfolgen leicht und schnell, fast ohne Kraft. Durch den Beinabdruck, das Vorbringen von Hüfte und Schulter und einen leichten Rundrücken lassen sich aber große Kraftpotentiale freisetzen. Die Stöße werden zuerst im Stand am Gerät und dann mit einem Partner in der Bewegung geübt.
Einer der Stöße wird nun besonders akzentuiert, besonders kräftig gestoßen, um das Gefühl für den Krafteinsatz zu schulen und den optimalen Einsatz aller Körperteile zu spüren.

Sich dem Gegner zu nähern, also die Distanz zu überwinden, gibt es viele Möglichkeiten.
Solange der Gegner sich allerdings noch frei im Ring bewegen kann, ist es schwierig, viele Stöße hintereinander anzubringen, da genügend Raum zum Ausweichen zur Verfügung steht. Daher muß der Gegner zuvor durch Manöver in die Nähe von Ringseilen oder Ringecke gebracht werden, die ein weiteres Ausweichen erschweren.
Es ist auch möglich, den Gegner durch eine Vielzahl von Stößen und eine schnelle Bewegung nach vorn zu überrennen, ihn also nicht mehr zu geplanten Aktionen kommen zu lassen.
Man sollte versuchen, die Deckung des Gegners durch mehrere Stöße hintereinander an den Körper zu binden. Zusammen mit einem Schritt nach vorn rechts außen kann man an den Gegner von der Seite herantreten und viele Stöße anbringen. Da weitere Schritte nach vorn rechts gehen, bleibt die Führungshand gebunden und die Schlaghand des Gegners ist nicht einsetzbar.
Man kann auch versuchen, den Gegner zwischen Fäusten und Unterarm an Kinn und Körper zu treffen. Die Führungshand des Gegners wird mit einer Parade der eigenen Führungshand nach außen gedrückt. Danach geht sie in Richtung Schlaghand des Gegners. Gleichzeitig wird die Schlaghand eingesetzt und ein Schritt auf den Gegner zugegangen. Stoß mit der Führungshand und Nachsetzschritt folgen. Solange der Gegner so gedrückt wird, kann er keinen kraftvollen Stoß anbringen. Wichtig ist, daß die Stöße sich am Gegner gegenseitig »ablösen«.
Ein Halbdistanzkampf ist auch mit Aufwärts- und Seithaken möglich – die jedoch bringen wegen der nicht geschlossenen Deckung viele Nachteile mit sich.

Durch das Heranarbeiten an den Gegner, das Führen des Nahkampfes und das Lösen vom Gegner wird viel Kraft verbraucht. Deshalb ist es wichtig, nach einer Aktion bewußt Zeit für tiefes Durchatmen außerhalb der Reichweite des Gegners zu haben. Durch Scheinangriff und Seitbewegungen verschafft man sich die dafür notwendige Zeit.

■ **Die Nahkampf-
stellung**

Nahkampf

Diese Kampfform wird vorwiegend von kleineren, explosiv agierenden Boxern mit guter Kondition und hoher Beweglichkeit des Oberkörpers bevorzugt. Die Ausbildungszeit hierfür ist lang.

Da der Schlagbeginn und das Auftreffen unmittelbar aufeinander folgen, steht nur eine sehr kurze Reaktionszeit zur Verfügung. Deshalb ist es für die Gegner solcher Boxer besonders wichtig, die Bewegungen des Kontrahenten vorauszuahnen – und das setzt Technikkenntnisse und Bewegungserfahrung voraus.

Der Nahkampf ist im Amateurlager selten zu sehen – denn wir müssen nahe an den Gegner herangehen, Körperkontakt mit dem Boxhandschuh herstellen, Stöße an Kopf und Körper anbringen und dann wieder, ohne getroffen worden zu sein, außerhalb seiner Reichweite gelangen.

Typisch für den Nahkämpfer ist die fast immer geschlossene Deckung, die nur für die verdeckte Ausholbewegung leicht geöffnet wird.

Lehrweise (für Trainer)

Die ersten Stöße, die gelehrt werden sollten, sind Seithaken zum Kopf. Beim Stoß der Schlaghand wird die rechte Schulter – *die Deckung bleibt dabei geschlossen* – etwa 20 cm zurückbewegt. Gleichzeitig erfolgt ein geringes Absenken der rechten Ferse und ein leichtes Einbeugen des rechten Knies: Das ist eine verdeckte Ausholbewegung mit Vordehnung der gesamten rechten Seite – vom Wadenmuskel über Knie und Hüfte bis zur Schulter. Vom Fuß her wird die Stoßbewegung eingeleitet. Durch das Vorbringen der rechten Schulter reicht es, wenn die Rechte bis 10 cm vor das Gesicht bewegt wird. Dabei bleibt die volle Deckung trotz des Stoßes weitgehend erhalten. Ein Rundrücken unterstützt die gesamte Bewegung.

Der Einzelstoß wird an der Maisbirne geübt – zuerst im Stand, dann im Diagonalschritt, zuletzt im Paßgang. Anschließend werden der Stoß mit der Führungshand und die Verbindung mehrerer Stöße hintereinander geübt.

Wird unter Drehung des Oberkörpers beim Schlagansatz die Rechte mit dem Handrücken nach unten fallengelassen, ergibt sich so die »Ausholbewegung« für den Körperhaken. Durch einen runden Rücken und ein etwas tiefer gebeugtes rechtes Knie läßt sich dieser »Auftakt« noch verstärken.

Durch Verbindung von Körper- und Kopfhaken werden Schlagserien zusammengestellt.

Diese Stöße sind wie beim Halbdistanzkampf zu erlernen: Zuerst muß die Entfernung zum Gegner überwunden werden.

Wie boxt man gegen Nahkämpfer?

Ein Nahkämpfer darf nicht die Möglichkeit eines »Anlaufs« für seine Attacken erhalten. Das kann man verhindern, indem mit der Führungshand stets enger Kontakt zum Nahkämpfer gehalten wird und bei jeder seiner Aktionen sofort ein Stoß der Führungshand erfolgt. Durch schnelle Beinarbeit wird ihm keine Möglichkeit der Angriffsvorbereitung gegeben. Dabei ist ein seitlicher Richtungswechsel besser als ein längeres gerades Zurückweichen.

Hält man die Distanz zum Nahkämpfer größer als gemeinhin üblich, wird es für ihn schwieriger, an seinen Gegner heranzukommen oder ihn in der Ringecke oder an den Ringseilen zu stellen.

Durch Druck mit der Führungshand und dem Unterarm werden die Aktionen des Gegners unterbunden. Ein Schritt nach vorn links ermöglicht es, den Nahkampfbereich zu verlassen.

Drückt der Gegner mit Unterarm und Ellenbogen, ist ein Ausweichen nach vorn rechts möglich.

■ **Lösen aus Nahkampfformen I:** Der Druck mit der Führungshand und dem Unterarm unterbindet die Aktionen des Gegners. Der Schritt nach vorn links ermöglicht es, den Nahkampfbereich zu verlassen

■ **Lösen aus Nahkampfformen II:** Der Gegner drückt mit Unterarm und Ellenbogen. Ein Ausweichen nach vorn rechts ist möglich

Alle Übungen des Halbdistanz- und des Nahkampfes verlangen eine intensive psychische Ausbildung. In jeder dieser Kampfformen wird vom Boxer erwartet, daß er seinen Gegner angreift – auch wenn dabei der eigene Körper getroffen werden kann. Das erfordert Grundkenntnisse der Deckungsmöglichkeiten und ihrer Anwendung. Dabei sollte nicht vergessen werden, daß die geöffnete Hand eine größere Deckungsfläche bietet als die geschlossene

Faust. Aber jeder Stoß, der auf eine Fläche trifft, erzeugt Schmerz – und ob ein Aktiver diesen auf sich nimmt oder nicht, liegt in der Ausbildung und in der psychischen Stabilität des Einzelnen begründet.

Wie erreicht man im Boxen das richtige Handeln?

Die erste Frage ist stets, wie gut es dem Boxer gelingt, seinen Gegner zu beobachten. Bereits in der ersten Übungsstunde lernt der Boxsportler, seinen Trainingspartner zu beobachten und seine Besonderheiten zu erkennen. Zu beachten sind: Wo ist die Deckungshand, wo die Schlaghand? Welchen Weg gehen sie? Wird der Unterarm dabei zur Seite genommen, die Schulter in den Schlag gelegt, das Gewicht auf den vorderen Fuß verlagert?
Als nächstes werden Schlußfolgerungen gezogen, die dem Trainer mitzuteilen sind. Dabei soll im Training nur jeweils eine Aufgabe gestellt werden – nur im Einzelfall, vielleicht bei verschiedenen Gegnern, mehrere Aufgaben.
Nach den Schlußfolgerungen werden die dem Leistungsstand entsprechenden Handlungen erwartet. Wie der Ansatz und die Energie des Umsetzens dieser Handlungen ist, umfaßt dann viele Trainingseinheiten. Das Umsetzen muß jedoch auch an schwächeren Gegnern geübt werden und nicht nur an starken Partnern. Größere und langsamere Trainingspartner sind günstiger als kleinere und schnellere Kämpfer. Sobald eine Aufgabenstellung formuliert ist, sollte sich der Sportler auf Grundlage seiner eigenen Stärken Wege und Lösungen für den Sieg überlegen und diese dem Trainer oder Partner vorschlagen.
Es dient jedoch auch der Förderung der psychischen Eigenschaften, unter Bedingungen zu trainieren, die den Kämpfer bewußt benachteiligen und ihm enorme physische und psychische Leistungen abverlangen. So kann er zum Beispiel alle 40 Sekunden gegen einen frischen Gegner antreten. Aber auch das Durchhalten von Stößen gegen Boxgeräte über einen vorgegebenen Zeitraum mit einer vorgegebenen – und auch realisierbaren – Schlagzahl gehört dazu. Allein die Verbindung von Schnellkraft-Elementen mit Ausdauer-Kraftleistungen, wie schnelle Gerätearbeit unterbrochen von Sprintübungen, führt an die Belastungsgrenze.

Trainingsplanung

Die Trainingsplanung im Boxen erfordert gründliche Überlegungen, die sich nicht nur auf technische, taktische und konditionelle Faktoren beschränken: Die sportliche Leistungsfähigkeit ist von der Altersklasse, der angestrebten Leistung und dem Engagement des einzelnen Boxers abhängig. Das bedeutet, daß eine gute Trainingsplanung so individuell wie möglich abgestimmt werden sollte. Aus diesen Voraussetzungen ergibt sich immer eine komplexe Vorbereitung, ein übergreifendes Herangehen an das Konzept des Trainings.

Besonders wichtig ist es weiterhin, die einzelnen Ausbildungsinhalte eines Basic-Trainings sinnvoll und homogen aufeinanderfolgen zu lassen, denn die Breite der Grundausbildung, beispielsweise in Hinblick auf den Einsatz der Schlaghand und die Anwendung der Verteidigungstechniken, ist groß. Die Anforderungen an den Anfänger sind beträchtlich.

In diesem Kapitel wird beispielhaft aufgezeigt, in welchen Schritten eine Grundausbildung sinnvoll und ineinandergreifend aufgebaut werden kann. Die einzelnen Techniken werden noch einmal kurz unter dem Gesichtspunkt der Trainingsplanung beleuchtet. Stellenweise sind dabei Wiederholungen von in vorangegangenen Kapiteln behandelten Sachverhalten unvermeidlich. Die Autoren bemühten sich aber, diese so gering wie möglich zu halten.

Um den Bedürfnissen eines Anfängers gerecht zu werden, sollte die Ausbildung mit dem Erlernen langer Geraden beginnen, denn dabei hat jeder Aktive relativ viel Zeit zu reagieren.

Stöße aus der halben Distanz sind leichter zu lernen und kosten weniger Kraft, aber die Entfernung zum Gegner wird naturgemäß geringer, und alle Reaktionen müssen schneller ablaufen: Der gegnerische Stoß kommt schneller, die Zeit für das Erfassen und das Reagieren wird verkürzt. Die Stöße werden unkontrollierter. Stöße aus der halben Distanz sollten deshalb nicht gleich zu Beginn trainiert werden.

Bei der Ausbildung im Nahkampf – mit Haken auf engstem Raum – wird eine noch schnellere Reaktion gefordert und vorausgesetzt. Deshalb ist es nur natürlich, wenn diese schwierigen Techniken erst in der späteren Ausbildung gelehrt und geübt werden.

Bei den nachfolgenden Übungen wird immer davon ausgegangen, daß zwei Rechtshänder gegeneinander stehen, daß die linke Hand also die Führungshand, die rechte Hand die Schlaghand ist.

Schritt 1: Stoßen aus dem Stand

Technische Merkmale:
- Stoß der Führungshand mit Schulterdrehung nach vorn, bis sie die Kinnspitze berührt,
- Bewegung der linken Hüfte nach vorn,
- Streckung des hinteren (rechten) Beines.

Die Muskulatur ist beim Stoß locker, nicht gespannt. Erst vor dem Auftreffen spannt sich die Faust. Um die Bewegung fließend zu gestalten und alle Kraft für den Stoß zu mobilisieren, wird ausgeatmet – auf keinen Fall wird die Luft gepreßt angehalten. Diese Bewegung sollte um die 200mal ausgeführt werden. Das zu treffende Ziel sollte sich nur wenig bewegen. Verbunden mit der Stoßbewegung wird der linke Fuß etwa 10 cm nach vorn bewegt. Schritt und Stoßbewegung bilden eine Einheit. Die Schrittbewegung wird später noch auf etwa 5 cm verkürzt, der Stoß wird in der gleichen Zeit ausgeführt. Diese Stoß-/Schrittbewegung wird zunächst am Wandpolster eingeübt, später dann an Sandsack, Maisbirne und Punchingball gefestigt.

Schritt 2: Stoß und Schritt in Partnerarbeit

Stoß und Schritt werden anschließend in der Partnerarbeit – ständig wechselnd, um die Ermüdung zu fördern und damit die Kondition zu verbessern – geübt, indem in die Hand des Partners gestoßen wird. Die Linke stößt in die rechte Hand des Partners. Somit wird für die stoßende Hand ein langer Weg gewählt, den der Partner leicht mit dem Auge verfolgen kann: Er lernt dadurch, einen Stoß zu beobachten (wichtiger psychischer Faktor). Das Ziel – die geöffnete Hand – wird nun bewegt. Aus hängender Position wird sie angehoben und darf erst dann getroffen werden. Aus etwas größerer Entfernung springt dann der Partner mit der geöffneten Hand nach vorn; sie muß getroffen werden: Das schult richtiges Distanzverhalten – denn Anfänger neigen dazu, zu nahe an den Partner heranzugehen.

Schritt 3: Stoß auf die Stirn des Partners

Der Stoß erfolgt nun auf die Stirn des Partners: So ergeben sich keine Verletzungen und der Treffer bereitet keinen Schmerz. Der getroffene Partner registriert zwar den Treffer auf der Stirn, aber es werden bei ihm keine Angstreaktionen ausgelöst: Er wird an das »Getroffenwerden« gewöhnt; die Angst vor Verletzungen wird eingeschränkt (psychischer Faktor).

Schritt 4: Parade mit der Führungshand

Der Stoß der Führungshand wird mit einer Parade der Führungshand des Partners abgelenkt: Die geöffnete Linke trifft die entgegenkommende Hand an der Handschuh-Außenseite und wird durch Hand- und Schulterdrehung zur Körpermitte um etwa 10 cm aus der Richtung gebracht. Hier wird das Beobachten des Stoßes vorausgesetzt. Ist das Beobachten noch nicht geschult, erfolgt nach der Ankündigung »und 1« durch den Abwehrenden der Stoß immer erst auf »1«. Ein Schritt des Stoßenden auf den Verteidiger zu gewährt diesem eine längere Reaktionszeit. Diese Übung hat auch einen taktischen Aspekt: Wenn die gegnerische Hand so abgelenkt wird, kann mit der anderen Hand nicht gleich gestoßen werden, da sie das Zielgebiet verdeckt (taktischer Faktor).

Schritt 5: Stoß und Schritt nach vorne

Der Stoß mit der Führungshand wird mit einem Schritt des linken Beins um 10 cm nach vorn links verbunden. Damit verändert sich die Stellung zum Partner zugunsten des Verteidigers (taktischer Faktor). Der Stoß der Führungshand wird zuerst im Gerätetraining gefestigt. Aus dem Stand erfolgen ein Schritt mit dem linken Fuß (10 cm) und der gleichzeitige Stoß. Die linke Schulter leitet die Bewegung ein – nicht die linke Hand. Die rechte Hand wird nicht bewegt: Zwischen rechtem Ellbogen und dem Körper kann zum Beispiel ein Handschuh geklemmt werden, der ein Bewegen des rechten Arms und der rechten Hand einschränkt.

Schritt 6: Doppelstoß

Der Stoß der Führungshand erfolgt nicht gleichmäßig, sondern nach 3, 5, 7 oder 9 Sekunden; danach erfolgt ein Doppelstoß mit den gleichen Pausen. Dabei ist der erste Stoß fast nur eine Armstreckung, und erst beim zweiten Stoß wird die Schulter voll eingesetzt.

Schritt 7: Blocken mit der Führungshand

Der Stoß der Führungshand des Angreifers wird durch einen Block der Führungshand des Verteidigers »aufgefangen«. Das Blocken der Führungshand erfolgt durch Öffnen der Hand und Drehung der Hand zum Partner, wobei gleichzeitig der linke Arm nach vorn gebracht wird – das Ellbogengelenk über 90 Grad nach vorn geöffnet; gleichzeitig erfolgt die Schulterdrehung. Der schon etwas erfahrenere Boxer dreht und öffnet nicht mehr die Hand, sondern fängt den Stoß mit der Handschuh-Rückseite auf, bringt aber auch Schulter und Arm nach vorn.

Schritt 8: Abwehr abwechselnd durch Block und Parade

In der Partnerübung wird der Stoß der Führungshand einmal durch einen Block aufgefangen und dann wieder mit einer Parade abgelenkt. Diese Übung erfolgt im Stand, mit Schrittfolgen und im freiem Üben, wobei von seiten des Trainers keine Vorgaben erfolgen sollten. Spätestens bei dieser Partnerübung ist der erzieherische Aspekt des Boxens zu verdeutlichen: ein Trainingseffekt ist nur dann zu erzielen, wenn die Stöße so kommen, daß der andere Partner noch Zeit hat, richtig zu reagieren. Kommen sie schneller und treffen sie hart auf, entsteht Angst, und die Technik wird nicht mehr richtig ausgeführt. Der Antwortstoß erfolgt dann mit Kraft – und damit langsamer und ungenauer. Spätestens hier muß der Zusammenhang von Emotionen – »Warte, ich werde dich treffen!« – und Schlaghärte erörtert werden, denn in diesem Augenblick erfolgt eine Muskelanspannung, die einen schnellen Schlag verhindert. Wutreaktionen ermöglichen zwar ein unkontrolliertes Angreifen, aber keine präzisen Stöße – und vor allem keine schnellen Stöße: Erfolgreiches Boxen und Wut schließen sich gegenseitig aus (entscheidender pädagogischer Faktor).

Schritt 9: Parade mit der Führungshand nach außen

Nachdem sich die Partner – nach rund 300 Übungen mit unterschiedlichen Partnern – an die Parade nach innen gewöhnt haben, erfolgt die Parade mit der Führungshand nach außen: Die ankommende Hand wird mit der Handschuh-Rückseite von innen um etwa 5 cm nach außen gedrückt. Die Führungshand geht der angreifenden Hand rund 10 cm entgegen, indem gleichzeitig die Schulter nach innen gedreht wird: der Auftakt. Sind die Handschuhe auf gleicher Höhe, erfolgen Schulter- und Armdrehung nach außen. Damit wird der Gegner in eine günstige Lage gebracht, die den Einsatz der Schlaghand ermöglicht. Um das zu verhindern, muß die Führungshand des Angreifers sofort wieder in die Ausgangsposition gebracht oder direkt auf die Schlaghand des Übungspartners gerichtet werden. Mit einer solchen Übung wird verdeutlicht, daß die ersten beiden Stöße nur eine Vorbereitung für den nun möglichen Stoß mit der Schlaghand darstellen (Schulung des Denkens unter Angriffs- und Zeitdruck).

Schritt 10: Varianten des Blockens der Führungshand

Die Führungshand durch einen Block aufzufangen, ist die eine Seite der technischen Ausbildung. Der zweite Schritt dieser Ausbildung richtet sich auf die mögliche Schlagführung. Es soll durch die Bewegung des Partners erahnt werden, wann die Führungshand gestoßen wird. In der sportlichen Praxis sprechen wir von einer *Bewegungs-Vorwegnahme*: Man vermutet in diesem Augenblick, daß nach einer bestimmten Körperlage oder Körperstellung die Führungshand gestoßen wird.

Verbunden mit der vorausgegangenen Bewegungserfahrung stoßen wir die Führungshand durch Drehung der linken Schulter etwa 20 cm nach vorn. So schiebt sich die Führungshand näher an die Hand des Partners heran und behindert den geraden Stoß. Erfolgt dennoch ein Stoß, so wird er durch die Faust abgelenkt und kann das angestrebte Ziel nicht treffen. Je weiter die linke Hand nach vorn geschoben wird, desto größer ist der Deckungsschatten gegen einen geraden Stoß hinter ihr. Dabei wird aber die Deckung so vernachlässigt, daß mit einen Haken jederzeit um die Hand herumgestoßen werden kann.

Schritt 11: Möglichkeiten, Treffer zu vermeiden

Es gibt mehrere Möglichkeiten, Treffer zu vermeiden:
– Durch einen Stoß, der vor oder zumindest gleichzeitig mit dem Angriff beginnt, kann man die Führungshand ablenken.
– Durch einen Stoß gegen die obere Handschuhkante: Der Angriff verändert seine Richtung und kommt nicht ans Ziel.
– Durch einen Stoß gegen den Unterarm: Der Stoß wird nach innen oder außen abgelenkt.
– Durch einen Stoß von innen oder außen gegen den Oberarm: Eine Streckung des Armes wird verhindert, und die Führungshand kommt nicht gestreckt; sie trifft nicht.
– Durch einen Stoß mit der Führungshand gegen die Schulter: Damit ist nur die Armstreckung möglich, nicht jedoch der Schultereinsatz; der Schlag hat somit keine Kraft und trifft nicht präzise.

Diese Übungen lassen sich langsam beginnen und sollten dann in schnellerer Bewegung geübt werden – zuerst in der angegebenen Reihenfolge, dann in individuellem Wechsel. Die Körpergröße der Partner sollte bewußt genutzt werden, um zu verdeutlichen, daß individuelle Formen und Lösungen gefunden werden müssen.

Schritt 12: Der Mitschlag der Führungshand

Der Mitschlag der Führungshand ist eine technisch-taktische Aufgabenstellung, die der Festigung der Technik, aber auch der konditionellen Entwicklung dient, insbesondere dann, wenn Partner mit unterschiedlicher Leistungsfähigkeit zusammenarbeiten: Bei dieser Technik schlagen beide gleichzeitig die Führungshand und fangen die Führungshand des Partners mit einem Block auf. Diese Übung dient der Schulung des richtigen Entfernungsverhaltens und – bei gleichgroßen Partnern – besonders der richtigen und weiten Schulterdrehung. Sie ist im Stand zu üben: Erst wenn das sicher und schnell – gleichzeitiges Stoßen ist immer eine Frage der Reaktionsfähigkeit – ausgeführt werden kann, sollte in der Bewegung geübt werden. Ein Partnerwechsel ist dabei besonders wichtig, da ein anderer Partner eine andere Schlaghärte, eine andere Reichweite, eine andere Körperhaltung und auch andere Reaktionen zeigt.

Schritt 13: Der Nachschlag (Antwortstoß)

»Nachschlag« ist eigentlich eine falsche Bezeichnung für diese Technik. Sie leitet sich aus dem Mitschlag ab. Der Antwortstoß erfolgt jedoch nicht gleichzeitig, sondern erst nachdem die Hand des Partners abgeblockt worden ist. Es ist also ein Stoß nach einer Pause, die nur der Verteidigung diente. Mit dieser Technik wird es kleineren Boxern möglich, verbunden mit einem Schritt nach vorn auch an einen Partner mit größerer Armreichweite heranzukommen.

Schritt 13 schließt die erste technische Ausbildung ab, die zugleich zahlreiche und für den Boxsport wichtige psychologische Aspekte und Erfahrungen vermittelt. Ergänzen kann man dieses Basic-Training noch durch die Schritte 14 und 15. Es ist die Meinung der Autoren, daß eine weiterführende technische Ausbildung einem Fortgeschrittenen-Training vorbehalten bleiben sollte, das dann auf die Beherrschung der in diesem Buch beschriebenen Grundtechniken aufbaut.

Schritt 14: Stoß der Führungshand zum Körper

Der Stoß der Führungshand zum Körper ist eine Technik, die unterschiedlich gelehrt wird. Sie soll die Druckkraft von Arm und Körper auf den Partner nutzen und während der Aktion und danach einen sicheren Stand gewährleisten. Derartige Körpertreffer sind im aktiven Boxsport allerdings vergleichsweise selten zu beobachten.
Voraussetzung für die Umsetzung dieser Technik sind Kenntnisse und Fähigkeiten im Vermeiden von Treffern durch sogenannte *Meidbewegungen*. Das sind Körperbewegungen, die den Körper aus der Stoßrichtung der Faust bringen. Das sind beim Stoß der linken Führungshand zum Kopf:
– Seitliches Neigen des Oberkörpers nach vorn rechts (Pendeln),
– Abducken sowie
– Pendelbewegung nach vorn rechts zum Abducken und Weiterpendeln nach vorn links (das sogenannte *Durchrollen*).
Soll der Stoß der Führungshand zum Kopf vermieden werden, wird das Pendeln nach vorn links geübt und mit einem Stoß der Führungshand zum Körper des Partners verbunden. So werden Stoßvermeiden und Angriff in einer Einheit geschult.
Die erzieherischen Potenzen dieser Übung liegen auf unterschiedlichen Ebenen: Auf der einen Seite muß der Stoß vermieden werden, was Beobachtung und eine damit verbundene Reaktion voraussetzt. Das erfordert eine Überwindung des Lidschlußreflexes, also eine Überwindung der Angst vor dem Getroffenwerden. Zudem wird die Notwendigkeit eines intensiven Trainings der Bauchmuskeln,

der geraden und der seitlichen Muskulatur, erkannt. Da der Körperstoß genau über der Gürtellinie ansetzt, darf auch hier nicht hart geschlagen werden – eine schnelle und lockere Reaktion ist gefragt. Boxer, die eine solche schnelle und lockere Bewegung nicht ausführen können, werden selten Übungspartner finden.

Wenn die Härte des Körperstoßes geübt werden soll, wird die Führungshand gestoßen und die Schlaghand als Zielfläche mit der Handinnenseite an den Körper gelegt; der Körperstoß erfolgt dann auf diesen Handschuh.

Wenn der Stoß schnell ausgeführt werden kann und keine Härte in der Ausführung liegt, wird mit dem Üben des *Abduckens* begonnen. Dabei geht der Körper nach unten, und beide Knie werden gebeugt und mit den Innenseiten aneinandergedrückt. Ein Rundrücken unterstützt diese Bewegung. Ohne Gewichtsverlagerung auf den linken oder den rechten Fuß ist kein Stoß möglich, da kein stabiles Gleichgewicht besteht: Das Abducken ist eine rein passive Form der Vermeidung eines Stoßes.

Wird eine Pendelbewegung von vorn rechts nach vorn links ausgeführt und die linke Schulter dabei weit nach hinten zurückgenommen, entsteht die notwendige Vorspannung für einen möglichen Stoß mit der Führungshand.

Nahezu alle Menschen – auch ohne sportliche Ausbildung – vermeiden einen Treffer durch einen fast automatischen Schritt zurück. Ein solcher Schritt begünstigt aber den Angreifer, da er jetzt schnell angreifen kann. Günstiger ist seitliches Ausweichen, da der Angreifer seine Aktion dann abbrechen muß.

Das Zurückgehen sollte in der Grundausbildung nur in Zusammenhang mit Stößen als Antwortreaktion geübt werden.

Schritt 15: Abwehrübungen für den Körperstoß

a) Wird der Körperstoß mit dem Ellbogen aufgefangen, indem er durch eine leichte Drehbewegung nach vorn vor den Körper gebracht und angelegt wird, sprechen wir vom *Ellbogenblock*.
b) Erfolgt die Drehung des Oberkörpers zeitgleich mit dem Stoß, wird dieser durch die Drehbewegung des Oberkörpers und den angelegten Unterarm zur Seite gedrückt: Wir sprechen von einer *Parade mit dem Unterarm*.
c) Darüber hinaus läßt sich auch ein *Gegenstoß der Führungshand* gegen die Handschuh-Oberkante, das Ellbogengelenk oder die Schulter einsetzen.
d) Ein *Ausweichschritt* mit dem rechten Fuß nach vorn rechts ermöglicht eine Körperverlagerung, so daß die Führungshand keine Trefferfläche findet.

Konditionstraining

Der Boxsport ist eine technisch-taktische Sportart, deren Ausübung den ganzen Körper beansprucht. Dabei spielen die konditionellen Fähigkeiten eine große Rolle. Sie werden meist in Mischformen trainiert. Für den Boxer sind vor allem Schnellkraft, Bewegungsschnelligkeit und Ausdauer von Bedeutung.

Bei jugendlichen Boxern ist die Ausbildung durch eine Vielzahl von Übungen aus unterschiedlichen Sportarten abzusichern, seien es nun Turnen, Basketball- oder Fußballspiel, Laufen vom Sprint bis zur Mittelstrecke oder Kugelstoßen. Auch kleine Handhanteln und kleine Medizinbälle, Turnbänke und Kästen lassen sich gut einsetzen. Denn *durch Boxen allein* läßt sich die Leistung nicht entscheidend steigern. Die Entwicklung der Schnellkraft ist an die Zunahme der Maximalkraft gebunden. Daher sollte in der Vorbereitungsperiode ein Maximalkraftprogramm trainiert werden. Hierbei ist zu beachten: Beim Stationstraining zum Beispiel werden fünf Stationen angeboten. An jeder Station werden etwa zehn Übungen absolviert, und jede Station wird dreimal durchlaufen.

Beispiel eines Maximalkraftprogramms für Jugendliche
- **Liegestütze:** 10 Liegestütze, dann Pause mit Lockerungsübungen, danach 15, 20, 25 und 30 Liegestütze mit Pause und Lockerungsübungen, dann absteigend 25, 20, 15 und 10 Liegestütze mit Lockerungsübungen;
- **Hockstrecksprünge:** Oberschenkel und Unterschenkel bilden einen rechten Winkel; die Häufigkeit der Übung gleicht der der Liegestütze;
- **Aufrichten aus der Rückenlage:** Füße angewinkelt und fest auf den Boden gepreßt, Häufigkeit wie oben;
- **Aufrichten aus der Bauchlage:** Füße gestreckt und fixiert, Häufigkeit wie oben;
- **Klimmziehen mit Kammgriff:** schnelles Ziehen (Stange bis zum Kinn) und langsames Nachlassen; 3, 5, 8, 10, 11, 10, 8, 5 und 3 Klimmzüge.

Bei allen Übungen ist die Pausengestaltung wichtig; sie sollte auf eine Dehnung der belasteten Muskulatur gerichtet sein.
Werden 8–10 Stationen in einem Rundendurchgang durchlaufen und jede Station nur einmal geübt, sprechen wir von *Circuittraining*. Dabei ist es gleichgültig, mit welcher Station begonnen wird.
Die Belastung wird durch die Anzahl der Wiederholungen oder die Serienzeit festgelegt.

Doch auch Gerätebahnen können mit Medizinball, Turnmatte, Kastenteilen, Stößen gegen den Sandsack, Aufsprüngen und Seilspringen kombiniert werden. Durch die Aneinanderreihung der Übungen wird eine hohe Belastung erreicht; Pausen entfallen. Der Puls sollte nicht unter 140 absinken. Werden mehrere Bahnen hintereinander durchlaufen, wird nach der dritten Runde mit einem Puls von 190 die Belastungsgrenze meist erreicht.

Werden einfache Übungen durchgeführt, empfiehlt es sich für Trainer Frontalbetrieb anzuordnen: Alle Sportler trainieren zur gleichen Zeit die gleiche Übung.

Nach der Kraftarbeit ist immer auf ausreichendes Lockerungstraining zu achten. Besonders wichtig ist es, die vorher belastete Muskulatur zu dehnen.

Sind *Kraftmaschinen* vorhanden sollten die Geräte so genutzt werden, daß erst die großen und später die kleinen Muskelgruppen angesprochen werden. Dabei sollten nicht täglich alle Muskeln trainiert werden, sondern einzelne Gruppen im Wechsel bei zwei- bis dreimaligem Training pro Woche.

Beispiel:
1. Tag: Rücken, Bizeps, Bauch;
2. Tag: Bankdrücken, Trizeps;
3. Tag: Gesamtmuskulatur mit weniger Intensität.

Bei der Ausbildung der *Schnellkraft* gilt es, das einzusetzende Gewicht zu reduzieren. Dient der eigene Körper als Bezug, so sollten 40–60 Prozent der eigenen Körpermasse als Belastung genügen. Die Belastungsdauer liegt bei 20–40 Sekunden an jeder der etwa fünf Stationen. Nach jedem Durchgang gibt es eine Pause von drei bis fünf Minuten.

Die *Schnellkraft-Ausdauer* ist beim Boxsport auf eine Zeit von neun bis zehn Minuten auszurichten. Sie kann nicht durch Boxen allein erreicht werden; deshalb empfehlen sich Läufe über eine Strecke von 800–1000 m mit einer Minute Pause zwischen den Läufen.

Beispiele (Männer):

1.) 400 m   90 sek,
    600 m   130 sek,
    800 m   2 min, 40 sek,
    600 m   140 sek,
    400 m   100 sek;

oder

2.) 3 x 1000 m mit einer Minute Pause; die Leistungen sollten um 3:30 min je 1000 m liegen (Leistungsklasse).

Pulsfrequenz und Laktatwerte geben dabei einen Einblick in die aktuelle Leistungsfähigkeit; sie können als Grundlage für das Trainingskonzept dienen.

Auch Intervalläufe über 3000 m, Fahrtspiele und Paarläufe führen zu Ausdauer. Aber erst in Kombination mit speziellen Boxtechniken wird die für den Boxsport erforderliche Ausdauer herausgebildet: Somit ist der Belastungswechsel zwischen allgemeinen Ausdauer- und speziellen Boxübungen eine Grundvoraussetzung für das Erreichen der notwendigen Wettkampfausdauer.

Dieses Training bietet – genau wie in der Kraftausbildung – viele Möglichkeiten der differenzierten Belastung, die selbst mit einfachsten Pulsmeßgeräten gesteuert werden kann. Ausgehend von der höchsten Herzschlagfrequenz, die im Training gemessen wurde, gilt: Bei einer Belastung von 50 bis 60 Prozent dieses Wertes fühlt sich der Sportler noch wohl. Wird die Belastung um etwa 10 Prozent erhöht, erfolgt eine Energiebereitstellung durch Fettverbrennung. Belastungen zwischen 70 und 90 Prozent der maximalen Herzfrequenz erfordern eine Energiebereitstellung, die Anpassungsvorgänge bedingt. Im Bereich darüber – über 90 Prozent der Herzfrequenz – sollte im Breitensport nicht trainiert werden. Bei Kindern ist die Anpassung des Körpers eine andere als bei Erwachsenen. Deshalb sind solche Tabellen nicht übertragbar!

Training an Boxgeräten

Die verbreitetsten Trainingsgeräte

Der Sandsack

Das Training an Boxgeräten ist so alt wie der sportliche Vergleich. Bereits im antiken Griechenland wurde an Geräten geübt, wie wir sie heute noch kennen. Der »Korykos« war ein aufgehängter Sack, der mit Feigenkernen, Mehl oder Sand gefüllt war – den Sandsack gibt es noch heute. Er muß aber nicht unbedingt mit Sand gefüllt sein, sondern kann auch weichere Stoffe enthalten, um die Schläge dagegen weicher werden zu lassen und Verletzungen im Handbereich – besonders bei Anfängern – vorzubeugen.

Übungen am Sandsack ermöglichen einen fiktiven Stoß zum Kopf des Gegners und auch auf dessen Körper. Da der Sandsack recht schwer ist, schwingt er nur wenig. Je langsamer und angeschobener ein Stoß ist, um so mehr schwingt der Sandsack. Bei kurzen, schnellen Stößen verharrt der Sandsack – auf Grundlage des Trägheitsgesetzes – fast in seiner Stellung. Je mehr ein Boxer kann, je explosiver seine Stöße sind und je genauer er die richtige Entfernung zum Sandsack einhält, desto weniger bewegt er sich.

Die ersten Stöße, die geübt werden sollten, sind die Geraden mit der Führungs- und der Schlaghand. Dabei ist es wichtig, dem Anfänger durch Zielkreuze oder Kreise auf dem Sandsack ein genaues Treffergebiet zuzuweisen. Um eine volle Schulterdrehung zu erreichen, sollte mit der Führungshand die Position 3 erreicht werden. Die Positionen 2 oder 4 gelten für die Schlaghand.

Da der Sandsack vorwiegend dem Üben von Körper- und Kopfstößen dient, bieten sich unterschiedliche Kombinationen an.

Linke Seite:
Linke Gerade zum Körper (Position 1) – rechte Gerade zum Kopf (2); sie kann nach voller Vordehnung vieler Muskelgruppen sehr explosiv geschlagen werden – dann linke Gerade (3) zur Absicherung und zur Vordehnung der dann folgenden rechten Geraden zum Körper (4).
Diese Kombinationen lassen sich beliebig verändern.

■ **Der Sandsack**

Rechte Seite:
Die rechte Seite bietet Kombinationen an, die bedeutend schwerer zu erlernen sind, da keine langen Vordehnungen des Körpers erfolgen. Wir beginnen mit der linken Hand zum Körper (1), dann folgt die rechte Hand (2), danach stoßen linke und rechte Hand zum Kopf. Kombinationen dieser Art dienen der Beweglichkeit im Schulterbereich und dem Erlernen der Gewichtsverlagerung beim Stoß.

Für das Erlernen von Körperhaken eignet sich der Sandsack sehr gut. Hier ist dann Punkt 2 (rechtes Bild) Trefferfläche für den rechten und Punkt 1 Trefferfläche für den linken Haken.

Die hier vorgezeichneten Stöße werden im Stand geübt; sie sind deshalb noch nicht für den Wettkampf geeignet. Erst wenn der Sandsack schwingt und Treffer angebracht werden müssen, entspricht das Wechselspiel von Schlagfolge und richtiger Entfernung der Realität.

Auch die Varianten des Nahkampfes lassen sich am Sandsack üben. Dabei befindet sich der Kopf rechts oder links neben dem Sandsack, und die Fäuste werden mit Drehung der Schulter als Haken geschlagen. Der Armwinkel wird kaum verändert, die Deckung somit auch beim Schlag nicht geöffnet. Die Schwierigkeit besteht darin, das Körpergewicht so einzusetzen, daß es sich immer hinter dem Schlagarm befindet.

Die Plattformbirne

Das Training an der Plattformbirne ist relativ schwierig, denn die Birne schwingt nach hinten und kommt mit der gleichen Geschwin-

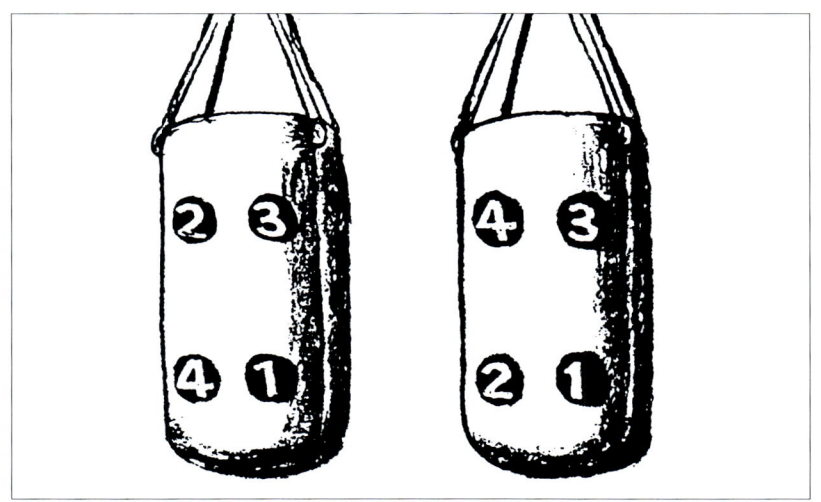

■ Sandsäcke mit Nummern

■ **Die Plattform-birne**

digkeit zurück – im Augenblick des Zurückkommens muß sie erneut getroffen werden: Das prägt einen Schlagrhythmus, den kein anderes Gerät fordert. Wenn die technischen Anforderungen stimmen sollen, ist nur ein schneller Stoß ohne Körperspannung ratsam. Die Schwierigkeit besteht darin, in der kurzen Zeit auch die Schulterdrehung durchzuführen.

Übungsfolgen:
– Einzelstöße mit der Führungs- oder Schlaghand;
– Schlagverbindungen von Führungs- und Schlaghand;
– Schlagverbindung von Führungshand und Schritt – rechter Seithaken zum Kopf;
– Schlagverbindungen von drei geraden Schlägen hintereinander.

Das Erlernen der Schläge und ihrer Verbindungen dauert länger, denn: Je schneller und härter gegen die Birne geschlagen wird, desto schneller kommt sie zurück.

■ Die Maisbirne

Die Maisbirne

An meisten verbreitet ist in Boxkreisen das Training an der Maisbirne: Es ist ein Gerät, das vorwiegend für das Üben von Stößen zum Kopf gedacht ist. Dabei lassen sich sowohl gerade Stöße als auch Haken üben.

Durch die Pendelbewegung der Maisbirne wird der Boxer gezwungen, Boxstöße und Bewegungen als einheitliche Technik auszuführen. Um diesen Aspekt besonders zu fördern, sollten nicht zwei, sondern mehrere Stöße hintereinander – am besten drei bis fünf – gefordert werden. Sind die Stöße schnell, kurz und hart, schwingt die Maisbirne nicht weit aus: Nur wenn die Stöße »geschoben« sind, pendelt sie sehr weit aus.

Übungsbeispiele:
- Führungshand;
- Führungshand und Schlaghand mit Schritt des linken Fußes – dann wieder die Ausgangsstellung einnehmen;
- Führungshand – rechter Seithaken zum Kopf mit Schritt des vorderen Beins – Führungshand mit Zurücknehmen des vorderen Beins;
- Schlagkombinationen mit Schritten im Diagonalschritt, Paßgang oder Wechselschritt.

Beispiel:
Linke Führungshand und Schritt mit dem linken Fuß – Schlaghand mit Vorsetzen des linken Fußes und Nachziehen des rechten Beins – linke Führungshand mit Schritt des linken Beines.

Der Doppelendball

Stark verbreitet ist auch der Doppelendball, ein Konditionsgerät, das vorwiegend der Entwicklung der Schlagausdauer dient. Da das Gerät schnell schwingt, werden die Armmuskeln ausgebildet, und es bedarf des Trainereinflusses, um Stöße mit Schulterdrehung auszuführen.

Wandpolster, Pratzen u. a.

In vielen Boxgemeinschaften sind noch weitere Trainingsgeräte im Einsatz. Am häufigsten ist das *Wandpolster* anzutreffen. Dort können Stöße zum Kopf und Körper im Stand geübt werden.
Auch *Federbirnen, Tennisball* oder große *Punchingbälle* sind bekannt, gehen aber in ihren Anforderungen nicht über die bereits beschriebenen Geräte hinaus.
Die direkte individuelle Arbeit mit dem Trainer findet in der Übung an den *Pratzen* (Tatzen) statt. Durch die Forderung nach dem richtigem Stoß, die Verbindung von Schritten mit Körperbewegungen und die sofortige Korrektur durch den Trainer ergibt sich eine ideale Trainingsform. Durch die Anweisungen des Trainers werden dem

■ **Der Doppelendball**

Aktiven Reaktionen und Bewegungen abverlangt, die einem Wettkampf recht ähnlich sind.
Das setzt voraus:
- Die Übung an Handpolstern sollte beginnen, wenn der Aktive nach Erwärmung die höchste Konzentrationsfähigkeit und Leistungsbereitschaft aufweist.
- Die Übungszeit an den Tatzen sollte sich an der Wettkampfzeit orientieren.

Zusammenfassend läßt sich sagen, daß das richtige Training für Kampfsportler immer das ist, das alle Trainingsformen miteinander mischt. Dabei sollte bedacht werden, daß der Kampfcharakter erhalten bleibt und die Arbeit mit einem Übungspartner, der selbst noch lernt, eine grundlegende Voraussetzung für die Entwicklung eines Boxsportlers ist: Paarweise zu üben, ist für die Ausbildung von entscheidendem Vorteil.

Anhang

Adressen

Deutschland

Deutscher Amateur-Box-Verband
Geschäftsstelle:
Pfannkuchstr. 7
34121 Kassel
Tel: (0561) 10 36 01
Fax: (0561) 10 36 02

Der Deutsche Amateur-Box-Verband ist derzeit (Frühjahr 1998) in 20 Landesverbände mit 626 Vereinen und 52.186 Mitgliedern gegliedert.

Landesverbände in Deutschland:

Amateur-Box-Verband Baden
Präsident: Werner Kranz
Zentgrafensstr. 10,
69198 Schriesheim
Tel: (06203) 6 4 80;
Fax: (06203) 6 02 20

Bayrischer Amateur-Box-Verband
Präsident: Joachim Henning
Johann-Pflegler-Str. 13 a,
85221 Dachau
Tel: (08131) 7 16 80
Geschäftsstelle:
Postfach 50 01 20,
80992 München
Tel: (089) 1 57 02-384;
Fax: (089) 1 57 02-444

Berliner Box-Verband
Präsident: Hans-Peter Miesner
Weißenburger Str. 19,
13595 Berlin
Tel: (030) 3 62 35 74
Geschäftsstelle:
Postfach 20 04 14
13514 Berlin,
Tel: (030) 4 21 03, App. 405/406

Amateur-Box-Verband Brandenburg
Präsident: Herbert Lubosch
Vetschauer Str. 45,
03048 Cottbus
Tel: (0355) 42 12 19
Geschäftsstelle:
Dresdner Str. 18,
03050 Cottbus
Tel: (0355) 48 63 44;
Fax: (0355) 46 83 44

Bremer Amateur-Box-Verband
Präsident: Hans-Peter Fahlbusch
Nordstr. 21,
27619 Schiffdorf
Tel: (0471) 8 20 95

Hamburger Amateur-Box-Verband
Präsident: Jens Hoyer
Frickestr. 77,
20251 Hamburg
Tel. und Fax: (040) 47 37 35

Hessischer Amateur-Box-Verband
Präsident: Gerd Graf
Lilienweg 8,
35606 Solms
Tel: (06442) 13 81

Amateur-Box-Verband Mecklenburg-Vorpommern
Präsident: OMR Doz. Dr. med. Kurt Märker
Parkstr. 33
18059 Rostock
Tel: (0381) 2 72 77
Geschäftsstelle: Uwe Behrendt
K.-Schumacher-Ring 174
18146 Rostock
Tel: (0381) 69 90 13

Mittelrheinischer Amateur-Box-Verband
Präsident: Karl Sellger
Postfach 18 01 57
50504 Köln
Tel: (0221) 147-2301
Fax: (0221) 147-3383

Niederrheinischer Amateur-Box-Verband
Präsident: Manfred Schmiler
Ittenbachstr. 17
45147 Essen
Geschäftsstelle: Horst Wosnek
Feldwiecker Weg 39
46487 Wesel
Tel: (02859) 16 80

Niedersächsischer Amateur-Box-Verband
Präsident: Jürgen Dittmann
Kiefernweg 2
38364 Schöningen
Tel: (05352) 27 37

Amateur-Box-Verband Rheinland
Präsident: Helmut Gräff
Heddesheimer Str. 6
55545 Bad Kreuznach
Tel: (0671) 3 35 92
Geschäftsstelle:
Pfingstwiese 6
55545 Bad Kreuznach
Tel: (0671) 3 06 41
Fax: (0671) 2 55 28

Saarländische Box-Union
Präsident: Erwin Jene
Am Andelsberg 26
66386 St. Ingbert
Tel: (06894) 27 98
Geschäftsstelle: Haus des Sports
Saaruferstr. 16
66117 Saarbrücken
Tel: (0681) 5 86 03 42/43
Fax: (0681) 5 86 03 39

Amateur-Box-Verband Sachsen
Präsident: Dr. Michael Bastian
Am Turnierplatz 3
04838 Krippehna
Tel: (0161) 6 21 00 17
Geschäftsstelle:
Marschner Str. 29
04109 Leipzig
Tel: (0341) 2 16 31 24
Fax: (0341) 20 03 49 (LSB)

Landes-Amateur-Box-Verband Sachsen-Anhalt
Präsident: Manfred Jost
Werrastr. 7
06122 Halle (Saale)
Geschäftsstelle:
Dölauer Str. 75 a
06120 Halle (Saale)
Tel: (0345) 55 07 552

Schleswig-Holsteinischer Amateur-Box-Verband
Präsident: Dr. Ulrich Klopsch
Hauptstr. 32 b
23626 Ratekau
Geschäftsstelle:
Winterbecker Weg 49
24114 Kiel
Tel: (0431) 6 48 61 62

Südwestdeutscher Amateur-Box-Verband
Präsident: Karlheinz Mehlinger
Tucholskyweg 63
55127 Mainz
Tel: (06131) 7 27 61
Fax: (06131) 79 94

Thüringischer Amateur-Box-Verband
Präsident: Heinz Leucht
Glückauf Weg 8
07546 Gera
Tel: (0365) 41 16 69
Geschäftsstelle:
Küchengartenallee 29
07548 Gera
Tel. und Fax: (0365) 2 63 23

Westfälischer Amateur-Box-Verband
Geschäftsstelle: Klaus Pienemann
Pokornystr. 1
44866 Bochum
Tel: (02327) 8 76 51

Würtembergischer Amateur-Box-Verband
Präsident: Max Lohmiller
Siebenbürgerstr. 5
71638 Ludwigsburg
Tel: (7141) 87 96 86
Geschäftsstelle: Hubert Nimmrichter
Herzog-Ulrich-Str. 18
72622 Nürtingen
Tel: (07022) 5 23 37

Österreich

Österreichischer Amateurboxverband
Präsident: Dr. Scheer
Stubenring 1
A-1010 Wien
Tel: 711 00 / 6249
Fax 715 82 58
Postanschrift:
Postfach 387
A-1011 Wien

Schweiz

**Schweiz. Box-Verband (SBV)/
Fédération Suisse de Boxe (FSB)**
Geschäftsstelle:
Drosselstr. 32
Postfach
CH-4103 Bottmingen
Tel: (061) 690 91 00
Fax: (061) 690 91 09

Ausgleichssport

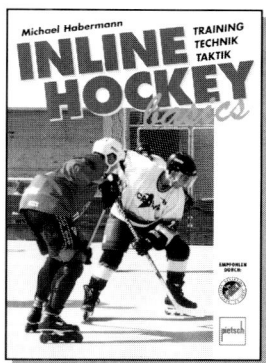

Michael Habermann
Inline-Hockey basics
Wer meint, seine Skates zu beherrschen, kann jetzt beim Inline-Hockey zeigen, was er wirklich drauf hat. Michael Habermann zeigt Einsteigern und Fortgeschrittenen, was sie über Training, Spieltechnik und Wettkampftaktik wissen müssen.

144 Seiten, 30 sw-Abb.,
60 Farbabb., brosch.
Bestell-Nr. 50296 (ET: ca. 4.98)
ca. **DM 39,80/sFr 37,90/öS 291,–**

Petra Müssig
Snowboard basics
Für einen Anfänger sind die ersten Versuche auf dem Brett oft deprimierend. Wer sich auf dem Board schon sicher fühlt, will bald mehr als nur heil die Piste herunterkommen. Die mehrfache Weltmeisterin erklärt das Einmaleins des Snowboardens.

132 Seiten, 23 sw-Abb.,
19 Farbabb., 35 Zeichn., geb.
Bestell-Nr. 50236
DM 39,80/sFr 37,90/öS 291,–

Boxen live
Kaum jemand kennt sich wirklich aus in der Szene. Hier setzt dieses Buch ein: Es beschreibt, was los ist hinter den Kulissen und setzt Regeln, Tricks und Temperamente des Boxsports ins rechte Licht. Tolle Fotos und fesselnde Texte machen Lust auf den nächsten Fight.

220 Seiten, 200 Farbabb., geb.
Bestell-Nr. 69211
DM 39,80/sFr 37,90/öS 291,–

Steven Kane
Skateboard
In diesem Buch demonstrieren die bekanntesten amerikanischen Profis die ganze Skala der tollsten und möglichen Figuren. Mit genauen Beschreibungen und zahlreichen Schritt-für-Schritt-Farbfotoserien bietet dieses Buch die ideale Anleitung für künftige Skater-Profis.

96 Seiten, 300 Farbabb., geb.
Bestell-Nr. 50151
DM 29,80/sFr 29,80/öS 218,–

Thomas Seidelmann
Bike-Games
Der Autor hat in Zusammenarbeit mit jugendlichen Bike-Fans über 30 faszinierende Spiele mit dem Fahrrad gesammelt oder selbst entwickelt und getestet: Spiele, die anmachen. Spiele, die anstrengen. Spiele, die mitreißen: Hahnenkampf, Fahrrad-Polo, Kosakenritt...

92 Seiten, 40 Farbabb., geb.
Bestell-Nr. 50247
DM 29,80/sFr 29,80/öS 218,–

**IHR VERLAG FÜR
SPORT-BÜCHER**

Postfach 10 37 43 · 70032 Stuttgart
Telefon (0711) 21 08 065
Telefax (0711) 21 08 070

Stand Februar 1998 – Änderungen in Preis und Lieferfähigkeit vorbehalten

FIT FOR FUN

Arantxa Sanchez-Vicario
Lust auf Tennis
Mit viel Lust und Liebe begeistert hier die Weltklasse-Athletin Arantxa Sanchez Vicario junge Tennis-Cracks für den »weißen Sport«. Sie vermittelt alles Wissenswerte zur optimalen Tennisausrüstung, zu Regeln und Turnieren, Schlägerhaltung, Grundschlägen und die richtige Spieltaktik.

46 Seiten, 150 Farbabb., geb.
Bestell-Nr. 50262
DM 29,80/sFr 29,80/öS 218,–

Jeff Rouse
Lust auf Schwimmen
Wasserratten sollten die Atemtechnik beim Kraulen beherrschen, Sprintstart, Rollwende und den Armzug der Rückenschwimmer. Olympia-Sieger Jeff Rouse gibt hier tolle Tips für den Wettkampf im Becken und beschreibt die einzelnen Disziplinen, vom Brustschwimmen bis zum Synchronschwimmen.

40 Seiten, 200 Farbabb., geb.
Bestell-Nr. 50279
DM 29,80/sFr 29,80/öS 218,–

Chris Mullin
Lust auf Basketball
Chris Mullin spielt seit zehn Jahren bei den California's Golden State Warriors.
Hier zeigt er jungen Basketballern den Weg zum perfekten Spiel. Alles über Ausstattung, Kleidung und Grundkenntnisse, wie trainiert man für sich allein, und wie spielt man erfolgreich in einer Mannschaft?

46 Seiten, 150 Farbabb., geb.
Bestell-Nr. 50241
DM 29,80/sFr 29,80/öS 218,–

Chris Edwards
Lust auf Inline-Skating
Skaten ist Mega-in. Vor dem ersten Ausflug auf den Asphalt sollte man sich jedoch mit der Funktion des Fersenstoppers vertraut machen. Wer schon sicher auf den Rollen steht, bremst die Skates mit T-Bremse und Spin-Stopp. Einen Powerslide sollte man freilich nur mit voller Schutzausrüstung riskieren.

36 Seiten, 150 Farbabb., geb.
Bestell-Nr. 50268
DM 29,80/sFr 29,80/öS 218,–

David Mitchell
Lust auf asiatischen Kampfsport
Der Autor stellt in diesem Handbuch, das speziell für Jugendliche gemacht wurde, 14 faszinierende Kampfkünste aus Fernost vor. Tolle Actionfotos mit jungen Kampfsportlern stellen jede Sportart ausführlich vor.

66 Seiten, 200 Farbabb., geb.
Bestell-Nr. 50290
DM 29,80/sFr 29,80/öS 218,–

IHR VERLAG FÜR SPORT-BÜCHER
Postfach 10 37 43 · 70032 Stuttgart
Telefon (0711) 21 08 0 65
Telefax (0711) 21 08 0 70

Stand Februar 1998 – Änderungen in Preis und Lieferfähigkeit vorbehalten